― EU一般データ保護規則 活用法 ―

GDPR

GDPR Guidebook

ガイドブック

サイバーセキュリティ専門家
足立照嘉
Teruyoshi Adachi

データ保護専門家
ヘルマン・グンプ
Dr. Hermann Gumpp

実業之日本社

はじめに

「ＥＵ一般データ保護規則」

なんだかまた厄介な決まりごとができてしまった……。

たしかに２０００万ユーロといった莫大な制裁金を課されることもあるし、警告や遵守命令が出されたり、行政罰を伴うこともある。

しかし、これまで国や地域ごとにデータ保護の規則は存在していたものの、共通の決まりごとはなかった。

インターネットによってこの20年あまりで世界中が急速に近づき、多くの個人データが国境を越えるようになったにもかかわらずだ。

なにせ同じEU域内の国であっても、データ保護に関する国内法はてんでんバラバラ。

例えば、東京に本社があって、横浜に工場がある企業には、同じ日本の法律が適用される。

しかし、同じくらいの距離感なのに、スイスに本社があって、イタリアに工場があると、法律だって異なっていたのだ。

すると、こっちの国では問題ないことが、あっちの国では問題になることだってある。

だから、それが共通の認識の下で統一されることに喜んでいる人たちも当然いるわけだ。

もともとプライバシーに関する法律の厳しかった英国やドイツでは、それ以外の国が同じ基準で個人データを扱ってくれるようになるので、GDPRを歓迎する声も多く聞く。

そして、今やサプライチェーンはグローバル規模で拡大し、インターネットや様々な通信手段を介して世界中のビジネスが協調しながら拡大を続けている。

東京の会社が企画した商品であっても、フランスでデザインされた設計データが、アメリカのサーバを経由して、横浜にある工場の製造装置に配信されているかもしれない。

そして同時に、個人に紐づく様々なデータが瞬時にして世界中を駆け巡っている。顧客もそうだし、自社の従業員、取引先の従業員などもだ。

だからこそ、今回のGDPRを歓迎しているのは欧州企業の経営者だけではない。顧客や従業員、そして取引先までもが大歓迎している。

逆の言い方をすれば、自身の個人データを雑に扱うような企業を、好き好んで選ぶ人などいない。

それは、投資家や金融機関であっても同じことだ。

企業の資産である「人」を大事に扱えない企業に、お金なんて預けられない。

GDPRに対する感情は、その人の置かれた立場や環境によっても様々だろう。

しかし、いずれにしても2年間の移行期間を経て適用開始されるわけだから、避けて通ることはできない。そして、強調されなければならないのは、これが欧州だけでなく地球の裏側まで追いかけていく強力な規則ということだ。

日本で個人情報保護法が施行された2005年から数えて13年。GDPRの前身となるEUデータ保護指令から数えても23年ぶりの大幅な改定。

顧客からのブランド価値を向上させるチャンス。従業員からの信頼を得られるチャンス。投資家から資金を調達できるチャンスにもなるかもしれない。

そのように考えるとGDPRとは、10年に一度訪れるかどうかの大きなオポチュニティのひとつであることは間違いない。

だから本書では、「セキュリティ対策をしなさいよ」という定番の説教じみた話をするつもりは毛頭ない。

企業の資産を最大限活用するための方法と、ベストプラクティスのひとつとしてのGDPR活用法について考えていきたい。

まず第1章では、なぜGDPRがオポチュニティをもたらしてくれるのかを知るために、現代のビジネス環境で起こっている変化について述べていく。

GDPRガイドブック
―EU一般データ保護規則　活用法―

目次

第2章 GDPRの概要……053

第3章 個人データの処理と移転……089

第4章　GDPRへの対応（評価・対策・運用）……155

＊本書における記事、データなどは、2018年5月頭現在のものになります。
また、本書の掲載内容を利用することで発生したトラブルや損失、損害に対して、著者・出版社・執筆協力者・監修者は一切責任を負いません。

個別の案件につきましては、専門家にご相談のうえご判断ください。

■協力

浅田 稔

（大阪大学大学院工学研究科 教授）

安藤類央

（国立情報学研究所 サイバーセキュリティ研究開発センター 特任准教授）

Dr. Jamie Saunders

（元・英国国家犯罪対策庁 国家サイバー犯罪局長・機密情報局長）

中川博貴

（株式会社フィスコIR取締役COO・フィスコファイナンシャルレビュー編集長）

八子知礼

（株式会社ウフル 専務執行役員・IoTイノベーションセンター所長）

■監修

松田章良

（岩田合同法律事務所 弁護士）

- 装丁／植田 薫
- 本文デザイン／中井正裕
- 校正／佐藤憲夫（東京出版サービスセンター）
- DTP／アイ・ハブ
- 図版／窪田シンジ
  有限会社 Imagination Creative

第1章

GDPRの背景にあるビジネス環境の変化

モナ・リザは貸し出せない

先日、フランス民放局の報道番組を観ていたら、フランソワーズ・ニセン文化大臣が「モナ・リザ（フランス名：La Joconde）」の展示ツアーについて言及した話題を取り上げていた。

世界でもっとも有名な絵画作品のひとつであり、フランスの国有財産でもあるモナ・リザを、ルーヴル美術館から他の美術館へ貸し出すという話題は、いつの時代も大きな論争を招く。

たしかに、ゴッホやフェルメールの作品は日本でも目にする機会があるが、モナ・リザについては聞かない。

調べてみると、1962年から1963年にかけてニューヨークとワシントンD.C.での公開、1974年に東京とモスクワで公開されただけで、過去にそれら3カ国4都市にしか貸し出されたことがないそうだ。

その理由としては、「モナ・リザを政治利用するべきではない」とか、「その価値を考えると輸送コストや保険料が莫大となり現実的ではない」といった論争が、その都度巻き起こっている。

そして、議論のひとつに「作品そのものの支持体に脆弱性がある」といったものもあり、当の報道番組では、この点について取り上げていた。

「支持体」とは、キャンバスや板、身近なところだと画用紙などの絵画を支える材料のことをそのように呼ぶ。

そして、この作品はポプラ板を支持体として油彩で描かれている。

16世紀初頭に描かれ、その後およそ200年の間に湿度の影響でポプラ板に歪みや反りが生じてしまい、作品上部から女性像の髪の部分にまでひび割れが及んでしまったことがあった。

そこで、18世紀半ばから19世紀初頭の時期に、支持体であるポプラ板にクルミ材でできた固定具を挿し込み、ひびの状態を安定させるための修復作業が施された（現在では、これ以上歪まないよう補強材が追加され、ルーヴル美術館の展示ケース内は厳格な湿度管理がなされている）。

そのため、描かれた当時のような「一枚板」ではない。

つまり、この作品の支持体はポプラ板とクルミ材で構成され、それぞれの境目には「境界」があるということだ。

万が一、海外の美術館に貸し出すこととなり、輸送の際などに振動や衝撃がその「境界」に伝われば、描かれたモナ・リザそのものに致命的なダメージを与える可能性もある。「作品そのものの支持体に脆弱性がある」とは、そのようなことを意味している。

当の報道番組でもこの論を述べる研究者を取材していた。

悪意ある者は境界を狙う

フランスの国有財産である「モナ・リザ」を、もし他国の美術館に貸し出すことができたなら――。

毎年600万人以上をルーヴル美術館に集客できるだけの絵画作品に留まらず、新たな国家財源を生み、国交を円滑にし、フランスにとってより大きな価値を提供してくれることだろう。

実はこのような構図、一般企業にも見てとることができる。

企業も人材や顧客、取引先などの人的資産や、資金、動産、不動産など、あらゆる資産を有している。これらの資産がビジネスプロセスの上に展開されることで、企業の活動を支え、その成長を実現させている。

そして今や多くの産業において、このビジネスプロセスを支える支持体のひとつとなっているのが「ＩＴシステム」だ。

しかし、もしこのＩＴシステムに「脆弱性」と呼ばれるセキュリティ上の欠陥があるとすれば、本来のビジネスプロセスに支障をきたしてしまうだろうということは想像に難くない。

それでは、ＩＴシステムの「脆弱性」は、どこに生じるものだろう？

モナ・リザ同様に、「境界」で脆弱性が生じてしまうことが多く見受けられる。「境界」とは、システムとシステムであったり、アプリケーションとアプリケーションの繋ぎ目となる部分のことだ。

そして、このＩＴシステムに影響を与えようとする悪意ある者は、まずこの境界から狙っていくことが多い。いや、むしろ悪意ある者なら境界から狙うべきなのだ。

２０１５年に米国会計監査院が連邦航空局に対して、サイバーセキュリティに関する懸念を全52ページのレポートにまとめて報告したことがある。

レポートでは、コクピット・アビオニクスと呼ばれる飛行のために使用される電子機器と、客室内で用いられるエンターテイメントやWi-Fiなどのキャビン・システムは、分離されたものであると記載されている。乗客が機内Wi-Fiを悪用して、航空機の操縦を乗っ取ることができないよう、備えがあるということだ。

しかし同時に、コクピット・アビオニクスとキャビン・システムを分離するために設けられた「境界」となるソフトウェア・コンポーネント自体をハッキングしてしまえば、そこから侵入を許してしまう懸念があることが指摘されたのだ。

つまり、もし仮にシステム自体が堅牢なものであったとしても、システムとシステムとの境界をハッキングできてしまえば、航空機の飛行自体に悪影響を及ぼすことさえできてしまう可能性があるということだ。

なぜITシステムの「境界」に脆弱性が生じるのかということについては、拙著『サイバー犯罪入門』(幻冬社新書) においても解説している。航空機を携帯で乗っ取る話とともに取り上げた。興味を持たれた方は、そちらも参照されたい。

ITシステムは、システムとシステム、アプリケーションとアプリケーションなどの「ITとIT」だけで完結しているわけではない。当然、映しだされる画面の向こう側には生身の人間（最近では人工知能も！）がいるわけで、「人とIT」、そして「ITと人」とが繋がっていく。

さらには、「第四次産業革命」によって、ITと現実世界とが急速に連携を深めているのが現在というわけだ。

新たな価値の源泉とは

さて、「第四次産業革命」とわざわざ言うくらいのことだから、産業革命はその前に3つあったことは容易に想像がつく。まずは、おさらいしてみよう。

私たちの祖先は第一次産業革命で蒸気機関による動力を得たことで、狩猟や農耕中心の社会から工業社会へと発展させることに成功した。

そして、個々の産業において電力やモーターなどに置き換わる動力の革新が起き、第二次産業革命へと発展させる。

ここにコンピュータが登場することで自動化が急速に進み、第三次産業革命として情報社会の到来へと繋がった。

先人たちの試行錯誤の上に、現代の私たちが生きる情報社会があるというわけだ。

一連の産業革命の流れからもたらされたものである。


そして私たちはこれから、何を成し得ようとしているのか？

その答えは、大量の情報を基に人工知能が自ら考え最適な行動を取る、自律的な最適化を可能とすること。

そして、このことを「第四次産業革命」と呼ぶ。


経済産業省の「新産業構造ビジョン」では、第四次産業革命の社会実装において、国内潜在需要を開花させる「新たな製品・サービスの創出」と「生産性革命」を狙っている。

ここでの社会実装を具体的にあげると、ＩｏＴ・ビッグデータ・人工知能・ロボットを意味する。

これによって「モノとモノ」や「人と機械」など従来は独立した関係にあったものが協調し、新たな価値が生み出される。「Society 5.0」または「超スマート社会」と呼ばれる社会が到来するわけだ。

そして、その実現の背景にはＩＴの存在が不可欠であり、それぞれの機器や装置が生成するデータが相互に行き来することになる。

日本におけるクラウドとIoTの第一人者として知られる八子知礼《やことものり》氏（株式会社ウフル・IoTイノベーションセンター所長）の著書においても、次のように語られている。

「オープンに、そしてセキュアにデータを連携しあうことで、相互の取引関係におけるデータの精度やシミュレーションの精度を向上していくことが成功につながります。そしてそこから得られる恩恵は、社会全体で求められてきているのです。」（八子知礼著『IoTの基本・仕組み・重要事項が全部わかる教科書』31ページ・SBクリエイティブ）

つまり、相互に飛び交うデータが新たな価値の源泉となるのだ。そして、あらゆるモノ同士が繋がっていくことで、その境界も増え続けていくこととなる。

1フライトごとに新聞2739年分？

大量の情報を基に人工知能が自ら考え、最適な行動を取り、自律的な最適化を可能とする。つまり、現実世界から収集されたデータを、サイバー空間で解析して新たな知見を導き出し、さらに現実世界にフィードバックしたり、制御したりするということだ。

このような概念を、「Cyber-Physical System（CPS）」「デジタルツイン」「シャドー」といった言葉で表現する。

第四次産業革命における成長のターニングポイントは、このような概念のもとに、IoT・ビッグデータ・人工知能・ロボットといったイノベーションを経済に組み込めるのか？　もし組み込めなかったとしても新たな活路を見出せるのか？　といったことだ。

第一次産業革命以降を振り返ってみてもお分かりいただけるだろう。その生産方式を導入することに成功し、「先進国」と呼ばれた国とそうではない国とに、世界は長らく隔てられてきた。

それでは、私たちは現在どれだけ多くのデータを収集できるのだろうか？

２０１１年から運用されているボーイング社の７８７型旅客機では、飛行システムによって検出可能な故障の数が４万５０００種類。

今から30年以上前の１９８２年に運用開始された同７６７型旅客機では９０００種類だったことから考えても、５倍も多い故障を検知することができるようになった。

その裏側では、より多くのデータを収集して解析し、フィードバックする仕組みができているということである。

そのため、ヘルスデータと呼ばれるエンジンの状態を示すデータだけでも、ひとつの機体から1フライトあたり「1テラバイト」も生成されている。

新聞の朝刊に書かれている文字の量が、およそ1メガバイトなので、100万日（＝2739年）分の新聞と同程度の情報量が1フライトごとに生成されていると言われれば、どれだけ膨大な情報量なのかご想像いただけるだろう。

そして、飛行中に機長がこのデータを読み始めたとしたら、間違いなく目的地に到着する時間のほうが早い。

そこで、ビッグデータや人工知能等の技術が活用されるというわけだ。

これらの技術が活用されることで、異常があった際は正常時とは異なるデータを素早く見つけ出して知らせてくれる。場合によっては、目的地の空港でもその情報が共有されることで、迅速な部品の手配や修理などの対応を可能とし、より一層円滑な運航が実現されている。

何もこのようなことは、航空機に限った話ではない。

ここ10年ほどの間に、自動車のメーターは速度やエンジン回転数だけでなく、ホイールに取り付けたセンサーでタイヤの空気圧や温度などを教えてくれるようになった。

そして、今年3月にスイスで開催されたジュネーヴモーターショーでは、世界第5位のタイヤメーカー・ピレリ社がタイヤに内蔵したセンサーで収集したデータを車載エレクトロニクスシステムに送信する「サイバーカー（Cyber Car）」技術を発表していた。

サイバーカーの技術では、タイヤの溝の減り具合まで教えてくれるそうだ。この技術はタイヤ交換の時期を促す販促ツールではない。タイヤに取り付けたセンサーが収集したデータを解析することで、タイヤ開発や自動車開発にフィードバックしていくことを目的にしているのだ。

このような取り組みの積み重ねが、将来的な競争力の源泉となるのだろう。

コンサルティング会社マッキンゼー・アンド・カンパニーが2016年に発表したレポート（Monetizing car data : New service business opportunities to create new customer benefits）によると、自動車が生成するデータによって2030年までに450〜750ビリオン米ドル（およそ49兆円から82兆円）もの価値を世界中で生み出すだろうと予測している。

企業にとっての重要な資産

もし、自社の販売した車両が出火事故を起こしてしまったら、どのような対策が考えられるだろうか?

某イタリア製スポーツカーの営業マンなら、喜んで新型モデルのカタログを持ってやってくるという冗談はさておきだ。

まず思い浮かぶのはリコールの案内を発送し、ディーラーに持ち込まれた車両の部品を交換し、対策部品を取り付けるという方法が考えられるだろう。

しかし、米国の電気自動車メーカーであるテスラ社なら異なる対応をする。

実際、2014年に同社が取った方法は、スマホやPCなどのアップデートのように、インターネットを介して、修正プログラムへの更新を行ったのだ。

つまり、問題があれば即座に解析を行って修正プログラムを作成し、短期間のうちに販売済みの車両のプログラムを更新してしまうことができるというわけだ。

そして前にも述べた通り、このデータの活用自体が大きな価値を生み出す。

テスラ社が興味深いのは、電気自動車や自動運転などの先進的な技術はさておいて、「ビッグデータ・ビジネス」とも呼べるビジネスモデル構築に向けて取り組んでいる点だ。

自動車というセンサーから得られるデータをクラウドに直接収集し、解析をして、製品にフィードバックしている。

この構図、どこかで見たことがないだろうか？

そう、グーグルやフェイスブックなど膨大なデータを集めて自社のサービスをブラッシュアップすると同時に、集めたデータを最大限活用して新たな価値を生み出す、シリコンバレーを本拠に活動する企業の勝ちパターンだ。

日々膨大なデータを集め続け巨大かつ独占的なエコシステムを形成している企業は、米国株式市場の主要テクノロジー銘柄でもあり、代表的なフェイスブック（Facebook）、アマゾン（Amazon）、アップル（Apple）、ネットフリックス（Netflix）、グーグル（Google）は頭文字を取って「ＦＡＡＮＧ（ファング）」と呼ばれている。

また、中国ではＩＴ産業に限らず、欧米の成功事例を自国内に再現するという傾向がある。中国で膨大なデータを集め続け、エコシステムを形成している代表的な企業はバイドゥ（Baidu）、アリババ（Alibaba）、テンセント（Tencent）で、頭文字を取って「ＢＡＴ」とも呼ばれている。

巨大な内需と、外国企業にとっては高い参入障壁があるからこそ、実現できるモデルでもある。

いずれにしても、企業に蓄積された膨大なデータが、新たな価値の源泉となっていることは間違いない。

そして、ＦＡＡＮＧやＢＡＴなどに蓄積されている膨大なデータの多くが、個人へと紐づいている。

そのおかげで私たちは、円滑なコミュニケーションや、効率的な購買行動、必要な情報へとたどり着くことができているわけだから、20年前のパソコン雑誌のような表現を用いれば、快適なインターネットライフを享受できているわけだ。

第四次産業革命の到来で現実世界とサイバー空間が連携されていくことで、これからの20年ほどの間に私たちは今まで経験したことのないような劇的な変化を度々目にすることとなる。

この時、ＩｏＴから生成されるデータや個人へと紐づくデータを、どれだけ活用することができたかが企業にとっては成長要因となる。同時に、蓄積されたそれら厖大なデータの適切な管理ができていなければ成長の「足かせ」でしかない。

第四次産業革命を含めたこれからの激動のビジネス環境において、成功に導くキーワードのひとつは「データ保護」ということだ。

サイバー犯罪のマネタイズ

「サイバー犯罪」そのものが、既に一大産業となっている（サイバーセキュリティ産業と言い間違えたわけではない）。

映画や小説のモデルにもなったため最も有名な事例のひとつとして知られているのが、ドイツ人情報工学者カール・コッホによる事件だ。冷戦末期に、米国防衛請負業者のシステムに侵入し、盗み出した情報をKGB（ソ連国家保安委員会）に売ることで、その「対価」として現金とドラッグを得た。

ハッキングによって盗み出した情報をマネタイズ（＝収益化）した最初期の事例として考えられている。

しかし、今や他国の政府機関などと綱渡りの交渉などしなくとも、サイバー犯罪のマネタイズは可能だ。

航空券の購入は40・3パーセントがネットでの購入であると、2014年に発表された総務省の資料にはある。

つまり、クレジットカードなどの決済情報を含む個人情報が、既にインターネット上を日々行き交っているわけだ。

ここからどのようなことが起こるのか見てみよう。

まず、カード情報の窃取。何らかの方法で不正に取得されたカード情報は、ダークウェブと呼ばれる一般的にはアクセスできないインターネットの世界で販売されている。

１９９９年に刊行された『フューチャー・クライム』（マーク・グッドマン 著・松浦俊輔 訳・青土社。邦訳は２０１６年）では、「『ネイチャー』に掲載された研究によれば、グーグルは表のウェブの中でも16パーセントしか捉えておらず」とされていたが、20年後の現在では一説によるとGoogleからたどり着けるのは０・０３パーセントとさえも言われている。

つまり、闇の世界のほうが圧倒的なスピードで広がっているのだ。

そして、闇の世界で売買されたカード情報は、別の犯罪に悪用されることになる。

悪用する場合だが、実店舗での決済に使用しようとするとＩＣチップやＰＩＮコードが必要となるため使いづらい。実際、ＶＩＳＡカードではＩＣチップを採用したことで２０１５年12月と比べて２０１７年９月には偽造詐欺の被害を7割減らすことができたと公表している。そのため、悪用の主な舞台はオンラインショップなどのサイバー空間となる。

米国のeコマース決済マネジメント会社サイバーソース社によると、航空会社のウェブサイト上の全ての予約試行の1パーセントから2パーセントが不正であるとのことである。その損害額は、全航空会社合わせて年間14億ドル（およそ1500億円）と推定されている。

当然、ここでは不正に取得されたカード情報などが悪用されているわけだ。

ではなぜ、盗んだカードで航空券を購入するのか？

高額かつ、換金性が高いからだ。しかも、飛行機が飛んでしまえば返品のしようがない。

たしかに額面50万円の航空券であったとしても、50万円そのままで売れるわけではないが、そもそも額面の50万円自体を支払ったわけでもないので、悪意ある者の懐は痛まない。

カード情報の仕入れと、ほんの僅かなインフラコスト（通信料や電気代など）を下回らなければほとんどの場合は黒字だ。

データ自体に価値がある時代

ダークウェブでは、航空会社のマイレージ口座も売買されている。

飛行機の搭乗に応じて付与され、航空券やグッズなどに交換することのできるアレだ。ある米国のセキュリティ研究者によると、大手米系航空会社のマイレージ口座が販売されていることが確認できたそうだ。

しかも円換算で、5万マイルは1万円。10万マイルなら1万5000円。15万マイルだと2万円といった値付けがされていたとのことである。

ここで買い付けたマイレージを航空券に交換すれば前述のように換金できてしまうし、ギフトカードなどに交換しても換金性が高い。

航空会社のユナイテッド航空では、ウェブサイト・アプリ・オンラインポータルでプログラミング上の不具合を見つけて報告した者には、5万マイルから10万マイルの報酬を付与するバグ発見報奨プログラムというものを実施しているそうだ。

10万マイルもあれば、時期にもよるが東京とニューヨークの間をビジネスクラスで1往復できてしまう。

いずれにしても、インターネット上でやり取りされる「データ自体」に、金銭的な価値が紐づくという例だ。

さて、思い浮かべてみて欲しい。

もしゲームの裏技を知っていたとしたら、一昔前であれば学校の人気者になれたくらいだろう。

いや、それでも十分かもしれないが。

しかし、今は異なる。


一時期世界中で大ヒットし、車の運転をしている時までゲームをする者があらわれ、死亡事故まで発生した人気スマホゲームがある。

このゲームで特定の条件が揃うと、滅多にお目にかかれないキャラクターをゲットできてしまうという、プログラミング上の不具合があった。

開発者が意図的に作ったものではないため、その不具合は数週間で改善され、今は存在しない。


その時、何が起こったのか？

この珍しいキャラクターを取得済みのゲームアカウントが、フリーマーケットのように個人間で物品の売買が行えるインターネットサービスで販売されていたのだ。５万円で売買されていたものもある。日本での話だ。

中には工場制手工業を始めた者もいる。

アルバイトの学生を50万円で雇い、キャラクターを取得済みのゲームアカウントを200個作らせたという話を聞いたこともある。

いまや、データ自体に価値があるのだ。

デュアルユース

2018年1月、日本の仮想通貨取引所から580億円相当の仮想通貨が不正流出する事件が発生した。その後、送金記録から分かったことは、その大半が僅か5分の間に盗まれていたということである。

銀行の金庫に580億円相当の現金が保管されていたとしよう。それを5分間で運び出すのは、銀行強盗どころか警備輸送事業者でも不可能なことではないだろうか?

フィンテックは金融業界にイノベーションを起こし、利便性や付加価値を向上させてくれた。

そして、その恩恵を享受したのは私たちだけではなく、悪意ある者にも同時に恩恵をもたらしているのだ。

このように、良いことに使うつもりで作ったモノが、悪いことにも使えることを「デュアルユース」と呼ぶ。

自動車業界では、メルセデスが2016年のパリ・モーターショーで提唱した「CASE」という中長期計画の取り組みが注目されている。Connected(コネクテッド)、Autonomous(自動運転)、Shared & Services(シェアリング)、Electric(電動化)の頭文字を取ったものだ。

また、ポルシェはベルリンのスタートアップ企業ゼインと共に、ブロックチェーン技術の採用に向けた実験を今まさしく行っている。

日本のホンダの研究開発子会社である株式会社本田技術研究所では、シリコンバレーでスタートアップ企業とのコラボレーションプログラムを実施してきたが、2017年からはグローバルに拡大してそれを行っている。

また、製造業では「CROSS」という考え方をどのように取り込んでいくかということが注目されている。メルセデスのCASE同様に頭文字から取ったキーワードなので、それそれについて解説しよう。

・Cross Industry：産業を横断して取り組む
・Resource Sharing：空きリソースを共有する
・Outcome-base：某トレーニングジムのように結果にコミットする
・Smartphonize：スマホアプリのように容易に入れ替えたりアップデートしたりする
・Simulatable：シミュレートで蓄積されたノウハウを提供することで課金する

そして、これらの取り組みに共通することは、いずれも様々なプレイヤー・技術・アイデアとのコラボレーションによって、イノベーションを起こすことが期待されていることである。

同時に、デュアルユースで悪意ある者へも恩恵を与えてしまわないよう、慎重な取り組みが行われている。

エントリーポイント増加による弊害

ひと昔前であればオフィスに戻ってPCを立ち上げたり、重いラップトップを持ち歩かなくては、必要なファイルの確認や、メールの返信もできなかった。

しかし、モバイルデバイスやクラウドサービスの世界で起きたイノベーションは、私たちの日常業務の姿を変えてくれた。

同時に、モバイルデバイスの普及でデータが分散されたことで、悪意ある者にとってはエントリーポイントが増えた。また、クラウドサービスにデータが集約されたことで、欲しいデータにも近づきやすくなった。

かつては、銀行に足を運ばなければ銀行強盗にはなりえなかったが、今やモバイルデバイスでハッキングできるわけだから、自宅からでもカフェからでも良い。先進的なこの職場では、既に「働き方改革」が行われているわけだ。

そして、第四次産業革命によって、データが集約され分析されていく。データの価値は一層高まり、悪意ある者にとってはより魅力的なターゲットとなる。

IT環境だけでなく、現実世界のビジネスのあり方も変わってきている。今やビジネスそのものがグローバルで巨大なサプライチェーンを構築しており、「物理的な距離」を超えたコラボレーションが行われている。

航空機の場合であれば、機体に関するデータはその航空機メーカーだけではなく、部品サプライヤーやメンテナンスのプロバイダ、修理のプロバイダ、オーバーホールのプロバイダ、空港などなど、広範な事業者とデータを共有する必要がある。

国際線を運航しているなら、その情報が国境を越えて連携されていなくてはならない。これらのデータが相互に連携されていることで、安全かつ快適な運航を実現できている。例えば、エアバスではおよそ30年前に運用開始されたA320型機とA330型機の頃はサプライヤーからの調達をしていた部品が5～6割程度であったが、最新のA350型機ではそれが8割に達し、幅広いパートナーとの協業でひとつの機体が実現している。

そして何より重要なことは、このような取り組みが航空産業に限った話ではないということだ。

グローバルで巨大なサプライチェーンが構築された現代、ハーバード・ケネディスクールで公共政策を担当するエリック・ローゼンバック氏（ベルファー科学国際情勢センター共同ディレクター）は、「ある国の一企業に対するひとつの攻撃のみで、グローバルなサプライチェーンを破壊することができる」と警鐘を鳴らす。

つまり、従来型の攻撃では「物理的な距離」の制約が存在したが、グローバルな相互接続性によって、物理的な距離に捉われない攻撃も可能となった。

20世紀型の攻撃手法では、テポドンでは射程圏内ではなかったが、火星15型なら射程圏内に入ってしまうというような物理的な制約が存在した。

もしここでハッキングを用いるのであれば、隣接地を攻撃するのも地球の裏側を攻撃するのも、たいして手間は変わらない。

そして、このような環境が整っている中で、敢えてセキュリティ対策が万全な企業から狙う必要もない。

もはや、地球の裏側まで射程圏内というわけだ。

サプライチェーンリスク

悪意ある者は、より容易に侵入できる入り口を探すだけ。サプライチェーンを構成している中に、容易に侵入できる会社が一社でもあれば、それはサプライチェーン全体にとっての脅威と同等である。そして、このことを「サプライチェーンリスク」と呼ぶ。

昨今、意図的か否かは別として、ＩＴの管理を請け負う業者など、本来であれば信頼できるはずの外部委託業者からの情報漏洩が目立ってきている。

たしかに、情報の管理を任されている者を狙うのは、情報にたどり着く上でも手っ取り早い。ましてや、その委託業者のセキュリティ対策が十分ではないのであれば。

ちなみに、「クラウドサービスを利用しない理由」についてのアンケート上位に「セキュリティが不安だから」といった趣旨の回答を見ることが多い。

何もクラウドだから危険なわけではない。旧来からのシステムの運用を委託している業者も、安心できない場合がある。

また、業務を発注する側と、発注される側で、セキュリティ対策や意識に大きな差がある場面が多く見受けられる。

2018年2月、米セキュリティ評価会社BIT Sightが、米国連邦政府請負業社から1200社をランダムに抽出し、セキュリティ状況を調査した結果を発表したデータも興味深い。

米国航空宇宙産業のセキュリティ状況は、「政府機関と同等のAグレード」だということが分かった。

しかし、問題はその先にあった。

米国航空宇宙産業の仕事を請け負っている協力会社の多くが「Bグレードもしくはそれ以下」に分類されたのだ。

ここでの評価がBグレードの場合、データ侵害の発生する可能性がAグレードと比較した場合、2倍以上に高まるとしている。

実際に仕事を請け負っている協力会社が引き金となった有名な事例としては、全米で売上高5位の小売業ターゲット社で2013年に発生した情報漏洩だろう。

当初、4000万人分のクレジット／デビッドカード情報に対して不正アクセスがあった可能性を発表していたが、その後7000万人分の住所や電話番号といった個人情報の漏洩が確認された。

翌年、ウォール・ストリート・ジャーナルなど複数のメディアが報じたところによると、ターゲット社に空調機器システムを提供していた業者のシステムが踏み台となって、ターゲット社のシステムに侵入された可能性が高いとのことである。サプライチェーンリスクである。

その結果、当時のCEOは引責辞任。対策に6100万ドルを費やした。

被害者には、集団訴訟によってひとりにつき最大1万ドルを支払うことで和解。

そして、情報漏洩を発表する前日の2013年12月18日には63・55ドルだった株価はその後下がり続け、翌年2月25日には55・07ドルまで下落した。

顧客、信用（ブランド）、金銭面など同社が被った損失は計り知れない。

この件には後日談があり、2014年2月26日の決算発表で損害費用に関する保険金4400万ドルの受領を発表したところ、同日には60・49ドルまで株価を戻している。

資産価値の毀損

資産価値の毀損という意味で、米ヤフーが買収提示額を減額された件は忘れてはならない。

2016年、米ベライゾン・コミュニケーションズ（以下、ベライゾン）はインターネット広告事業拡大を目指し、48億3000万ドルで米ヤフー買収の合意をしていた。

ところが12月になると、米ヤフーが3年前の2013年にユーザー10億人分の情報漏洩をしていた可能性があることを発表。この3ヶ月前にも5億人分の情報漏洩をしていた可能性があることを発表していた。米ヤフーはデータ侵害を発見しながらも、その事実を適切に投資家へ開示しなかったことから、2018年には米国の証為取引当局から3500万ドルの制裁金を求められている。

この発表に伴い、米ヤフーの株価は1日で6％下落。ベライゾンの法務部門担当者も、この問題で合意破棄が可能となる条項が発動される可能性があると指摘した。

その結果、ベライゾンは買収提示額を3億5000万ドル減額し、44億8000万ドルで米ヤフーを買収した。

売却後も、元オーナーは株主に対する法的責任を負う必要があり、企業や顧客からの訴訟が発生した際には責任を分担することを合意している。

この時漏洩した10億人分の情報は、東欧のハッカー集団によって30万ドルで売却されたという説もある。

2017年には、当初発表していた10億人どころではなく、当時30億人いた全てのユーザーに影響があったということを、あらためて発表している。

ちなみに、米ヤフーでは2012年にもヤフー・ボイスというサービスから45万3000件の情報漏洩が発生している。これは、2010年に米ヤフーが1億ドルで買収したアソシエーテド・コンテントから引き継いだ事業に脆弱性があったことが原因だった。

この時は株価への影響もほとんど見られなかったことを考えると、当時はまだ市場からのサイバーセキュリティに対する認識が低かったとしかいえないだろう。

しかし、今は異なる。

データ保護の不備やサイバーセキュリティに関するリスクを内包しているということは、予想外に高い支払いが生じることがあるため、買収側も慎重にデューデリジェンスを行う傾向にあり、ペネトレーションテストと呼ばれる脆弱性テストを行う企業もある。

さて、日本の情報漏洩で最も知られている事例のひとつは、3504万件の個人情報を漏洩したベネッセホールディングスだろう。

同社の場合は、情報漏洩を発表する前日の2014年7月8日には4365円だった株価はその後下がり続け、10月17日には3240円まで下落した。時価総額にして1260億円も下げてしまった。

役員による賠償責任

ベネッセホールディングスの情報漏洩では、株価が下落しただけではない。

2014年9月には行政上の責任として、経済産業省が再発防止策の不十分さに対して是正勧告。

2015年7月までの1年間で会員は94万人が退会し、2016年3月期の連結最終損益は従来予想38億円の黒字から、82億円の赤字に下方修正。その後、黒字化して立ち直るまでに3年を要した。

そして、民事責任として被害者1名あたり500円の見舞金と、各種対応費用として特別損失260億円を計上している。

これに伴い、現・旧役員6名に対して、会社が被った260億円の賠償を求める株主代表訴訟も提起された。

会長兼社長、副会長、最高情報責任者の引責辞任と共に、「経営上の責任」を追及された形となる。

経営上の責任に関して、会社法429条1項によると次のように記載されている。

「役員等がその職務を行うについて悪意又は重過失があったときは、（中略）これによって第三者に生じた損害を賠償する責任を負う。」

この責任とは大きく分けて、「会社」に対する責任と、「第三者」に対する責任がある。

そして、そこから想定されることは、次のふたつ。

会社の損害に対して会社もしくは株主からの訴訟。もしくは、第三者の損害に対して、第三者からの訴訟である。

ここで損害とされているものの一例として、「社会的信用の失墜（レピュテーションの低下）」、「取引停止」、「社員の士気低下」、「株価の下落」、「利益減少」、さらにそこから「経営責任の追及」といったことが考えられる。

これらはいずれも、情報漏洩などを発端として起こり得る。

それでは、情報漏洩にかかわらず、非上場の海外現地法人であれば、役員による賠償責任はないのだろうか？

例えば、現地でM&Aを行っている場合や、米国や英国が関係しているビジネス、腐敗度の高い国向けに売り上げが立っている場合などに、非上場の海外現地法人であっても役員の賠償責任を追及されることはある。

また、規制当局の捜査や取り調べが入ると高額の費用がかかるし、そもそも役員の定義が国によっても異なるため、役員以外の日本人駐在員管理職者が訴えられる例などもある。

企業活動がグローバルで展開されることによって、海外での訴訟リスクや規制当局の捜査など、役員が抱える法的リスクは大きくなっている。

情報漏洩の場合も同じだ。

米国では情報漏洩の事実が公になると、迅速にその潜在的な被害者をまとめあげ、集団訴訟を提起する法律事務所も見られる。また、「あなたも被害者ではありませんか?」とテキストメッセージを送る営業会社も存在すると聞いている。

事業停止せざるをえない

ここまでの話からも、現実には情報漏洩した際の対応について、間違った認識が蔓延していることにお気付きになられたのではないだろうか?

記者会見を開いてリスクコンサルタントのアドバイス通りの秒数だけ頭を下げ、５００円の商品券を配れば済むというわけではない。

GDPRでは、「プライバシー侵害時の報告が義務化」されたのだ。

個人情報漏洩などによって個人データの侵害が発生した場合、侵害を認識してから72時間以内に管轄監督機関へ通知することが義務付けられている(第33条)。

このことに加え、「自分のデータがサイバー攻撃に晒されている」ことを知る権利が、追加されたということにも注目すべきだろう。

個人データ侵害によって高リスクにつながる可能性のあるデータの主体(個人)は、不利益な影響が確認された場合に通知を受けなければならないとされている（第34条）。

この通知は遅延なく、「明確かつ平易な言葉で」説明されなければならず、少なくともデータ保護責任者（Data Protection Officer）の連絡先や、個人データ侵害から生じた結果、その影響を軽減するために講じた、または講じようとする措置について、含んでいなくてはならない。

当然、このような通知を行うには、常日頃からのセキュリティ対策や体制が存在しなければ、状況を的確に把握し、適切な情報を共有することも難しい（そもそも、このようなことを明確かつ平易な言葉で説明すること自体が難しいという問題はさておき）。

しかも、データの主体に対する通知義務に違反してしまうと、1000万ユーロまたは前会計期間の全世界での売上高の2パーセントのいずれか高いほうを基準とした制裁金を課されてしまう可能性がある（第83条）。

莫大な制裁金が課される可能性があるということも忘れてはならない。

そして、欧州では個人データ保護の問題によって「事業停止せざるをえない」という風潮もある。その間の機会損失も莫大なものとなることだろう。

法的な問題での事業停止ではないが、2011年にタイで大洪水が発生した際に、日本での新車の納車が大幅に遅れてしまったことを記憶されている方も多いことだろう。

タイ各地の工業団地にあるサプライヤーが浸水被害によって操業停止となり、部品供給がままならなくなったためだ。

ただ一社が事業停止となった場合でも、現代のサプライチェーンで繋がる多くの企業への打撃は計り知れない。

ビジネス上のモチベーション

「日本企業の自社のセキュリティ点検は欧米にやや遅れる程度だが、委託先等へのケアは大幅に遅れている」

経済産業省及び独立行政法人情報処理推進機構による「サイバーセキュリティ経営ガイドライン」が２０１７年11月に改訂されたことを受け、経済産業省によって発行された「サイバーセキュリティ経営ガイドラインの改訂ポイント」には、このように記されている。

「サイバーセキュリティ経営ガイドライン」が最初に公開されたのは、２０１５年のこと。日本では、日本年金機構での大規模な情報漏洩が話題となった年だ。

サプライチェーンに関する記述が強化され、「委託先の組織としての活用の把握等」について追記された改訂直後に、奇しくも日本年金機構では委託先業者の問題が噴出している。

このガイドラインでは、適切な開示を行わなかった場合、社会的責任の観点から「信頼の失墜」や「企業価値が大きく低下」する恐れがあるとしており、取り組みを情報セキュリティ報告書、CSR報告書、サステナビリティレポートや有価証券報告書等への記載を通じて開示を検討することを対策例として掲げている。

少々古いデータではあるが、2013年度の内閣サイバーセキュリティセンター（NISC）による調査では、4割もの企業が有価証券報告書内でサイバーセキュリティ・リスクに関する言及がなされていなかった。

そして、記載されている場合においても、想定されるインシデントや被害が具体的ではないものが多かったとされている。

米国では既に証券取引委員会（SEC）によって、サイバーセキュリティリスクの開示が事実上義務付けられている。

SECでは、米国国立標準技術研究所（NIST）による「重要インフラのサイバーセキュリティを向上させるためのフレームワーク」（原題〝Framework for Improving Critical

Infrastructure Cybersecurity〟・日本語訳は独立行政法人 情報処理推進機構＝ＩＰＡ＝によってインターネット上で公開されている。https://www.ipa.go.jp/files/000038957.pdf）を支持することを表明し、取締役会はフレームワークのガイドラインに沿ったものであるべきとしている。

サイバーセキュリティへの取り組みを企業にとっての「ビジネス上のモチベーション」に繋がるものとなるよう、このフレームワークでは重きを置いている。

もはやサイバーセキュリティとは、後ろ向きな動機で取り組むものではないということだ。

企業価値の毀損リスクを低減

サイバーセキュリティリスクの開示は、投資家との関係性においても非常に重要な項目のひとつである。

企業が保有する重要な機密情報の保護に関して「リスク意識」を持ち、どのように「対策」を取っているのかという情報が共有されることは、投資家にとっても意義が深い。

ＤＣＦ法では、事業が生み出す期待キャッシュフローに対して、不確実性の高さに応じて割引率を設定することで企業価値を算出する。すなわち、不確実性が高まるということは、割引率が高くなるということであり、企業価値が低位に評価されるということだ。

そのため、サイバーセキュリティリスクを開示することでリスク低減効果をアピールできなければ、過小評価され企業価値の毀損へと繋がってしまうということだ。

「ＥＳＧ（環境・社会・ガバナンス）」課題と同等に、サイバーセキュリティに取り組むことによって、投資家に対する中長期での銘柄保有に対して企業価値の毀損リスクの低減に繋がるとアピールできる。

ＥＳＧ投資については、２０１４年2月の「日本版スチュワードシップ・コード」（金融庁）、２０１５年6月の「コーポレートガバナンス・コード」（金融庁・東京証券取引所）において、その概念を推進している。

また、ＵＮＥＰ（国連環境計画）とＵＮＧＣ（国連グローバル・コンパクト）の推進しているイニシアティブである「ＰＲＩ（国連責任投資原則）」においても、ＥＳＧ投資を推進していくことを自主的に署名しており、２０１５年9月に世界最大の年金基金である日本のＧＰＩＦ（年金積立金管理運用独立行政法人）も署名した。

これらのことからも、ＥＳＧとはもはや特殊なものではない。**サイバーセキュリティも数**

年の間に、重要な開示情報となるのではないだろうか。

しかし、上場企業でも上位700社前後が統合報告書（Integrated Reporting）を出してはいるものの、本質的な分析がなされておらず、表層的な話に留まっているものも多く見受けられる。

このような面での対応の遅れは、日本企業のガラパゴス化を生む懸念がある。

それでは開示していくためのポイントはどこにあるのか？

やらなくてはならないセキュリティ対策に対して、減点法での評価をするというアプローチではない。

これまで述べてきた通り、新たな価値の源泉をいかに大事に守っているのか。そして、そのことによってこれからの市場にどのようにアプローチをし、機会を得ていくのかということをアピールをしていくべきである。

この点において**「GDPR」はひとつの明確な指針であり、企業の価値を向上させるために徹底的に活用していくべきものだ。**

なぜなら、GDPRで述べられていることは、当たり前のことを言っているだけに他ならないのだから。

第2章

GDPRの概要

GDPRとは「規則」である

GDPRとは、「General Data Protection Regulation」の頭文字であり、日本語では「EU一般データ保護規則」と訳される。

「Regulation（EU）2016／679」と表記されることもある。

個人データの保護に対する権利という、基本的人権の保護を目的とした規則である。

EUの基本条約を根拠に制定される法令（EU法）には「Regulation（規則）」の他に、「Directive（指令）」「Recommendation（勧告）」「Decision（決定）」「Opinion（意見）」があり、EU加盟国の国内法との関係や法的拘束力によってそれぞれ異なっている。

「Directive（指令）」であれば、原則として国内での関連法を整備する必要があるということだ。

しかし、「Regulation（規則）」となると、EU加盟国において国内での立法を必要とせずに直接的な法的拘束力を及ぼすもっとも強力なもののひとつとなる。

つまり、EU加盟国では「Regulation（規則）」を国内法より優先することとなり、今後制定する国内法は「Regulation（規則）」に適合したものでなければならない。

そして、GDPRは「Regulation（規則）」である。

このGDPRが今ここにきて世界的な注目を浴びているわけであるが、これまではどうだったのだろうか？

当然、何もなかったわけではない。

EUでは前身となるEU法として、「EUデータ保護指令（Directive 95/46/EC）」が1995年に採択されている。

この「指令」をもとにして、1998年までにEU加盟国では国内の法制度を整備することが要求された。

そして、EU加盟国それぞれにデータ保護規則が整備されることとなった。

ところが、データは国境を越えて行き来しているにもかかわらず、法制度は国ごとに大きく異なるという状況となり、データ保護の断片化を招く結果となってしまった。

そこで、EUでは2012年に17年ぶりに個人データの保護に関する法令の見直しに着手し、EUデータ保護指令より要求事項の厳格化されたデータ保護規則案を欧州委員会（執行機関）が公表。

2015年12月に欧州連合理事会（加盟国の集まり）と欧州議会（立法機関）によってG

DPRとして合意し、2016年4月に採択、5月に公布されることとなった。

そして2018年5月25日からはいよいよ、EUで統一されたGDPRとして施行されるわけだ。

GDPRは何の規則？

ある個人向け商品を取り扱う日本企業のウェブサイトから、ドイツ在住の日本人が商品サンプルの送付を依頼した場面をイメージして欲しい。

ここでの本質は物流の話ではないので、あくまでも簡略化したイメージで構わない。また、話を単純にするためにあえて商品サンプルとした。購入で例えると、決済手段などその他の話も必要になるからだ。

まずはウェブ担当者が営業担当に送付の依頼があった旨を伝えるだろう。そして、営業担当は在庫を預けている倉庫会社に商品出荷を依頼する。

商品は倉庫から空港に運ばれ、税関での手続きを行う。ただし、輸出が禁止されているものだと、ここで止められてしまう。

無事に通関手続きが完了すれば、荷物は検査を経て飛行機に乗せられドイツに送り届けられる。

ドイツの空港に到着すると現地での通関手続きが行われ、現地の配送業者によってドイツ在住の日本人のもとに送り届けられる。

つまり、輸出入に関する各地の複雑な法規制やそれに伴う手続きを経て、商品サンプルは日本からドイツに送り届けられる。

では、日本企業に問い合わせを行ったドイツ在住の日本人が入力した情報は、どうなるのだろうか？

氏名、電話番号、発送先住所など最低限必要な情報は入力しているし、簡単なアンケートなどもあればさらにより多くの情報を入力している。

場合によっては、個人的な趣味や興味についても聞かれているかもしれない。

そしてウェブサイトのログには、アクセス元のＩＰアドレスなどより詳細な電子情報も記録されているだろう。

この時、商品サンプルは輸出入に関する法規制に則って日本からドイツに届けられる。

そして、ドイツから日本に向けてドイツ在住の日本人が入力した情報、すなわち「個人データ」はＧＤＰＲに則って適切な「処理」と「移転」がなされなくてはならない。

つまり、GDPRとは「個人データ」の「処理（Processing）」と「移転（Transfer）」に関する規則のことである。

まず、「個人データ」のこの「個人」とは、どこまでを指すのだろうか？

GDPRに定義される「個人」とは、28のEU加盟国とアイスランド、ノルウェー、リヒテンシュタインによる合計31カ国のEEA（欧州経済領域）域内における「全ての在住者」のことを指している。以降、「EEA所在者」と呼ぶこととする。

そのため、日系企業の現地法人に現地採用されている従業員だけでなく、日本からの駐在員なども含まれる。

先ほどの商品サンプルを依頼した日本人が、日本からの駐在員であったとしてもだ。

ただし、この規則は純粋に個人的であったり、家庭内の活動のためといった限定された分野については適用されないことになっている。

データ活用の基本ルールである

GDPRによってEEA所在者が得るもの。

それは、「自分が同意した以外のデータ処理を制限する権利」と「自分に関する全てのデータの消去を要求する権利（忘れられる権利）」を有することとなる。

ここでのデータ「処理」であるが、人の手を介しておらず自動的な手段で行われていたとしても、それは「関係ない」（第4条第2項）。

そして、EUで行われているのか否かも関係ない。つまり、日本企業が日本のサーバに個人データを「移転」して処理していたとしても、そこにある個人データがEEA所在者のデータであるならば、GDPRに則った対応を取らなくてはならない（第3条第1項）。

EEA域外の第三者がEEA所在者の個人データを閲覧可能となる、あらゆる行為が該当するということだ。

つまり、EEA所在者に関する個人データがそこにある限り、GDPRに則った対応が必要であるということである。

このことは何を意味するのか？

個人のプライバシーに関する権利を明確にし、個人データの活用と、プライバシーを脅かす脅威への対応をしていくことがGDPRの狙いだといえるだろう。

そして、GDPRが世界的なプライバシー保護への要件を確立し、これからのスタンダードを定義していく存在となる。

しかしながら、莫大な制裁金も含めて、企業にとってはただひたすら負担ばかりで、企業活動を抑制するような規則にさえ見えてくる。


そこで、このように考えてみてはどうだろう?

顧客となった時にはGDPRに対応していない企業との取引を避け、GDPRを遵守している企業との取引を積極的に選択する、ということになるのではないだろうか?

しかもGDPRの対象となる組織は、営利活動に従事する企業だけではない。地方自治体や公的機関、そして非営利法人なども含まれている。つまり、個人のプライバシーに関する権利を蔑《ないがし》ろにするような自治体に、積極的に移り住もうという感覚にもならないだろう。

であれば、GDPRによって社内のプロセスを見直し、時代に即した安心できるITインフラを実現するための「好機」と捉えてみてはどうだろうか。

その先には、データを活用した「新たな価値」の創出があるということだ。もちろん、顧客との「信頼関係」を強化できた上にだ。

そして、サイバー攻撃に対してセキュリティを強化し、EEA領域との事業を活性化し、投資家からの評価も上がる。

一石二鳥や三鳥どころの話ではない。

GDPRこそが、データ活用の基本ルールだ。

ポイントは、ふたつ。

「個人データを保護する取り組みが適切になされており、問い合わせがあった際にはそのことを証明できること」。

そして、「万が一、データ侵害が発生した際には、その事実を検知して適切な対応ができること」である。

しかしながら、GDPRの条文においてセキュリティ対策の具体的な方法が記載されているわけではない。

そこで、各機関が公表しているガイドライン文書の活用をお勧めする。

英国の情報コミッショナーオフィス（Information Commissioner's Office）が公表している「Preparing for the General Data Protection Regulation（GDPR）12 steps to take now」や、ベルギーのプライバシー保護委員会（Belgian Privacy Protection Commission）が公表している「13 step plan for companies preparing for GDPR compliance」などだ。

これらのガイドライン文書と、日々蓄積されていくノウハウやケーススタディなどを活用することで、より容易に対策を取れるようになるだろう。

主な登場人物は「データ主体・管理者・処理者」

条文やガイドラインなど関連する文書を読み解く上で、押さえるべき主な登場人物はたったの「三者」。

・「データ主体」
・「管理者」
・「処理者」

読んでいる途中でストーリーが頭に入って来なくなる小説は、まず登場人物を把握できていない時が多い。

GDPRを理解する上では、この三者をまずは押さえておこう。

もちろん他にも出てくるが、後は順を追って覚えればよい。

まずは「データ主体」。

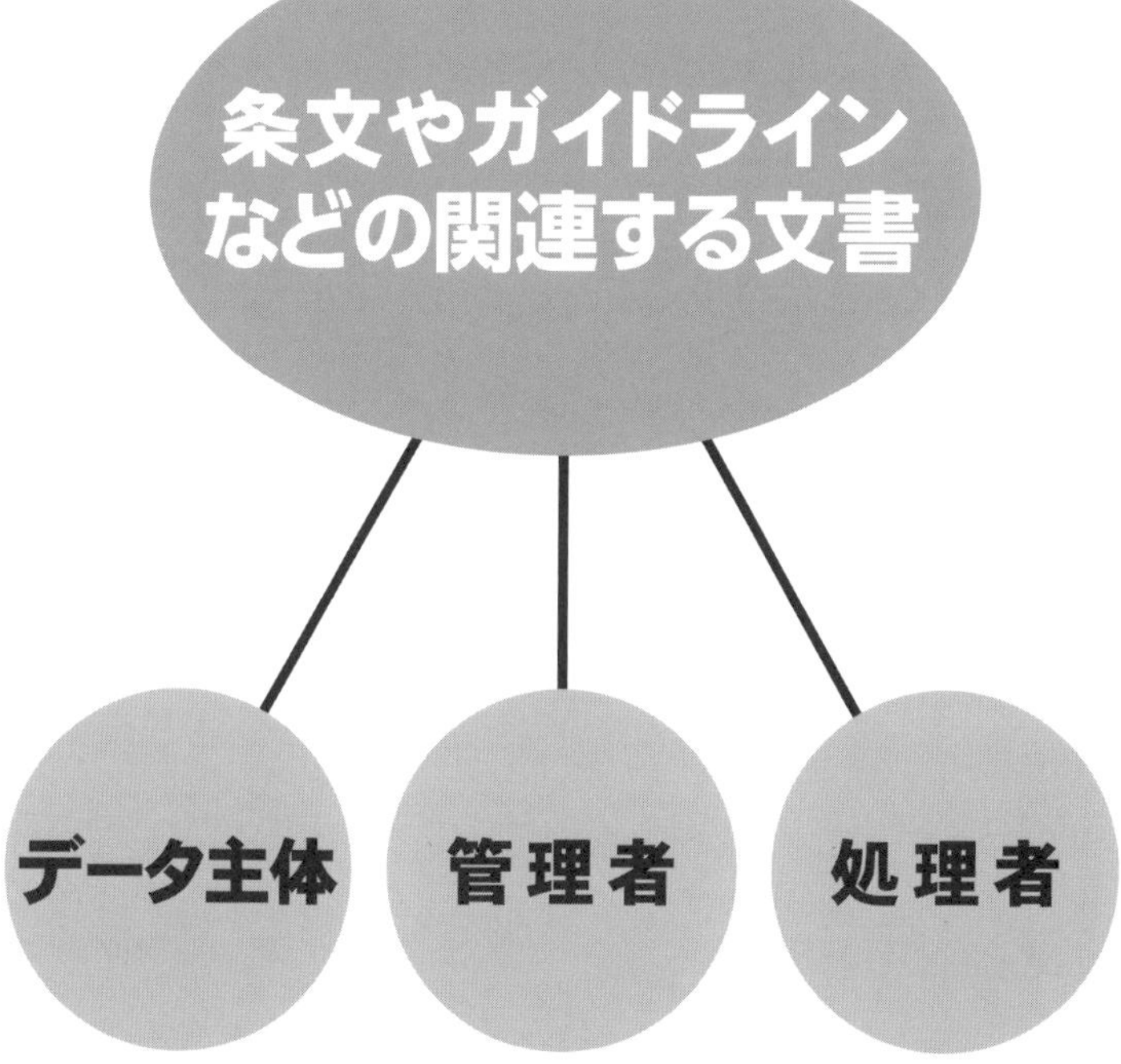

押さえるべき主な登場人物は
たったの「三者」

これは、情報に紐づく個人のことである。個人データそのものではなく、その個人データが指し示す個人そのもののことである。

「ベルナール・45歳・フランス人」という個人データがあったとすれば、「ベルナール」本人そのものをデータ主体と呼ぶことになる。

もしあなたの個人データがあったとすれば、そのデータ主体はあなた自身だ。

ではこの「個人データ」に該当するものとは何なのか？

マイナンバーのように国民を識別するために付与された番号であるとか、クレジットカードの番号、ウェブサービスを利用する時に作成したユーザー名や、ウェブサイトへのログイン状態や設定を記録するCookie（クッキー）と呼ばれるもの。これらを「識別子」と呼ぶ。

この識別子も個人データに該当する。

ベルナールがウェブサービスを利用するために、パートナーの名前から作成した「クリスティーヌ」というユーザー名も、ベルナールの個人データなのだ。

つまり、直接的にベルナールを識別できる情報（ベルナール・45歳・フランス人など）と、間接的にベルナールを識別できる情報（クリスティーヌなど）のいずれもが、（ベルナールの）個人データというわけである（第4条第1項および前文第26項から第30項）。

続いて「管理者」。

GDPRとは「個人データの処理と移転に関する規則」であるとし、データ主体にとっては「自分が同意した以外のデータ処理を制限する権利」だと前述した。

この処理する「目的」と「手段」を決定する者のことを管理者と呼ぶ。

ここでいう管理者とは、必ずしも誰か特定の個人だけを指し示しているわけではない。他と共同して行う場合もあるため、法人、公的機関、行政機関、その他の団体などが管理者に該当する場合もある。

そして「処理者」。

管理者の決定した個人データ処理の目的と手段に則って、個人データの処理を行う者のことである。

そして、この処理者も個人だけではなく、法人、公的機関、行政機関、その他の団体などが処理者に該当する場合もある。

また、社内だけで情報管理がなされている場合ばかりではないので、外部委託の業者や、クラウドサービスの事業者なども処理者に該当する。

主な登場人物は、「データ主体・管理者・処理者」。まずは、これを覚えておこう。

多くの国で原則認めていない「移転」

さて、ＧＤＰＲにおける「移転」への理解を深めるために、ＥＥＡ域外の国では個人情報保護法がどのようになっているのか、ここで確認しておこう。

国境を越えてデータが行き来している現代、自国民のプライバシーを保護するという意味から、様々な国で個人情報保護への規制が強まっている傾向にあり、世界中には１００以上のデータ保護とプライバシーに関する規則が存在している。

ＩｏＴ化などによってより多くのデータを取得できるようになっていることからも、氏名・住所・生年月日・性別の基本4情報だけでなく、ＧＤＰＲ同様に間接的に識別できる情報までも個人データに含む法域が増加してきている。

そして、個人データを国際間で「移転」するということを、多くの国において原則として認めていない。

ただし、この「原則として」というところがポイントではある。

それでは、どのような要件を満たせば「移転」が可能となるのだろうか？

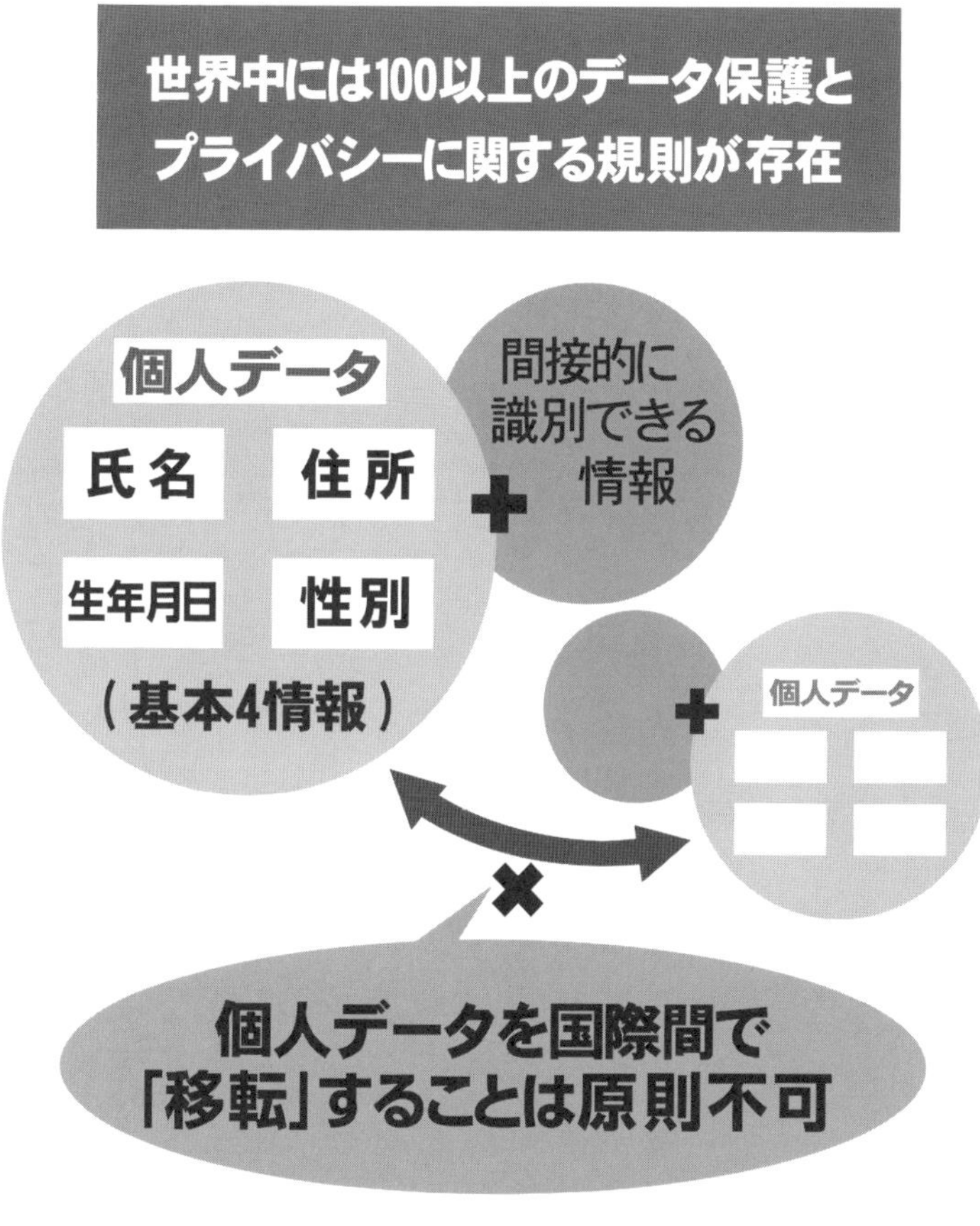
世界中には100以上のデータ保護とプライバシーに関する規則が存在
個人データ
氏名
住所
生年月日
性別
（基本4情報）
間接的に識別できる情報
個人データ
個人データを国際間で「移転」することは原則不可

まずひとつは、「本人からの同意」を得ていること。

そしてもうひとつが、個人データの移転元となる国から見て、十分なレベルの保護措置が確保された規制を適用している国や地域に移転する場合である。

移転元から見て、十分なレベルの保護措置が確保された規制が適用されている国や地域だと認定された場合、「十分性認定」を受けることになる。

日本とＧＤＰＲとの関係を考えた時に、この「十分性認定」が非常に大きなポイントとなってくるため後述する。

これらの要件を踏まえた上で、それぞれの国や地域の規制を大まかに分類すると次のようになる（国名は、五十音順）。

(1)十分性認定もしくは本人の同意を求める

アルゼンチン、ＥＥＡ加盟国およびＥＵ加盟国、ウルグアイ、カナダ（ケベック州除く）、シンガポール、スイス、台湾、フィリピン、香港、マレーシア、メキシコなど

(2)本人の同意を求める

韓国

(3)データ・ローカライゼーション要求で、自国領域内にサーバ等の設置を求める

中国、ベトナム、ロシアなど

(4)オプト・アウト方式で、データ主体より移転の停止要求があった場合に応じる必要がある

米国（※グラム・リーチ・ブライリー法）

ただし、米国においては個人情報保護に関する連邦法は存在せず、特定分野ごとに規制が設けられる形を取っている。

ここでオプト・アウト方式を適用していると分類した「グラム・リーチ・ブライリー法（Gramm-Leach-Bliley Act）」は、銀行・証券・保険業務に関して1999年に制定された連邦法である。同法では、金融プライバシールールとして消費者がオプト・アウトできる権利を有しているとしている。

また、米国では州ごとにプライバシーに関する厳しい規則を設けている場合もあり、カリフォルニア州やデラウェア州などに存在している。

欧州と米国とでは「移転」に対する考え方が異なっており、一定要件を満たすことで移転できる欧州と、原則として移転できるが権利が侵害されているとデータ主体が判断したら停止できる米国といった形に分けることができる。

航空機の設計思想において、「機械が優先されるエアバス（欧州）と人間が優先されるボーイング（米国）」として語られる場面が多いが、それぞれの国や地域の規制においても同じような違いが見てとれることが興味深い。

余談だが、米国で流行っているコンテナ型データセンター。米国では州ごとに法律だけではなく税制も違う。そのため、税制上有利な州にトレーラーで引っ張ってデータセンターごと移動してしまえるという利点も、採用を後押しする要因のひとつにある。

十分性認定を受けられていない

米国での個人情報保護については連邦法や州法が絡み合っているため、EUとの間に「十分性認定」が存在していなかった。

しかしそれでは支障が出るということで、2000年にEUと米国との間では「セーフハーバー協定」という枠組みに合意し、米国商務省が認証した企業にのみEUからの個人データの移転が認められてきた。

ところが２０１３年になると元ＮＳＡ（アメリカ国家安全保障局）局員による情報収集の暴露を発端として、ＥＵ司法裁判所にセーフハーバー協定の有効性の検証が可能かがオーストリア人男性によって求められた。

２０１５年に同裁判所は米国政府による監視に対してＥＵ市民が十分に保護されていないという懸念を示し、セーフハーバー協定自体が無効であるとの判決を下した。

これによって、ＥＵとの間でデータの移転を行っていたグーグル、フェイスブック、マイクロソフトなど２４００社を超える企業で混乱が生じることとなる。

この判決を受けてＥＵと米国ではＥＵデータ保護指令に基づいて規制内容を大幅に強化する枠組みの策定に動き、２０１６年に「プライバシーシールド」が欧州委員会によって採択された。

これによって米国に拠点を持つ企業は米国商務省に登録し、ＥＵの「プライバシー原則（Privacy Principles）」で述べられている義務を遵守することを条件に、再びＥＵ域内からの個人データ移転を行うことができるようになった。

ＥＵから米国への個人情報の移転を認める措置には、プライバシーシールドのほかにＳＤＰＣやＢＣＲというものもあるので、これらについては後述する。

それでは、日本における個人情報保護法はどうなっているのだろうか？

2017年5月30日に行われた改正個人情報保護法施行のポイントのひとつが、まさしく「グローバル化への対応」であった。

海外の第三者へ個人データ提供をする場合、あらかじめ本人の同意を取得するということが原則として義務付けられた。

最近では海外のクラウドサービスを活用している場面も多々あるわけだが、海外の第三者に個人データの管理委託を行っていると判断される場合もあり、同意の取得に注意が必要である。

また、今回の改正において、個人情報取扱事業者を判定する要件として存在していた「個人データ取り扱いの件数要件（5000件以上）」が撤廃された。

つまり、個人情報に大きいも小さいもないということだ。

これはグローバルでの要件とも合致しており、企業規模にかかわらず規制を適用していくということである。

しかし、残念ながら本書執筆時点の改正個人情報保護法は、GDPRの十分性認定を受けられていない。

なお、個人情報保護委員会は、2018年4月25日付で、十分性認定に基づきEUから日本に移転した個人データの取り扱いに係るガイドライン(案)を公表しており、当該ガイドライン案によれば、2018年の前半を目途に、日欧間において相互に十分性認定を行う方向で調整が進んでいるとのことであり、近い将来に日欧間において十分性認定がなされると見込まれている。

規制の先駆け

日本で個人情報保護法が施行されたのは、2005年のことである。普段「個人情報保護法」と呼んでいるこれは略称であり、正しくは「個人情報の保護に関する法律」だ。

この個人情報保護法が施行された前年の2004年に、大手通信事業者の展開するヤフーBBでの約450万人にものぼる個人データの漏洩事件が発生した。その後、お詫びとして500円相当の金券が送付され、お詫びの相場を作ることとなった事件と言われれば、思い出す人も多いのではないだろうか。

時期的にも重なるため、この事件の影響で成立した法律だと考える人も多いようだ。しかし、実際にはさらに1年遡った2003年に、既にこの法律は成立している。

成立にいたった経緯を「知る権利・アクセス権とプライバシー権に関する基礎的資料」（衆議院憲法調査会事務局・2003年）より紐解いてみると意外な事実が分かる。同資料の78ページにおいて、個人情報保護法制化の背景として、いくつかの事例が述べられている。そのひとつに、〈1995年に欧州連合で採択された「EUデータ保護指令（Directive 95/46/EC）」に対して、日本としても何らかの対応が必要であると認識させるに到った〉と記されているのだ。

つまり、EUデータ保護指令を受けて、日本の個人情報保護法成立にいたったというわけだ。

EUデータ保護指令は世界中のプライバシーに関する規制の先駆けとなり、米国では1996年に「医療保険の相互運用性と説明責任に関する法令（Health Insurance Portability and Accountability Act）」が制定。その後、1999年に前述の「グラム・リーチ・ブライリー法（Gramm-Leach-Bliley Act）」が制定するなど、各産業への広がりを見せた。

1999年にはカナダの「個人情報保護と電子文書に関する法（Personal Information Protection and Electronic Documents Act）」が制定されるといった具合に、90年代は主にEUとOECD（経済協力開発機構）加盟国においてプライバシー保護に関する規制の明確化が広がりを見せた。

なぜ、OECD加盟国から広がったのか？

遡ること1980年に「OECD8原則」の書かれた「プライバシー保護と個人データの国際流通についてのガイドラインに関する理事会勧告」がOECD理事会で採択されている。実はこれが、今日の世界の個人情報保護における基本原則となっているのだ。日本の個人情報保護法でも、この8原則を全て取り込んでいる。

2000年代に入ると、2003年の日本、2010年のマレーシア、2011年のインド、2012年のシンガポールとフィリピン、2016年の中国などアジア諸国にも広がりを見せている。

しかし、既に香港ではEUデータ保護指令への対応も意図した個人情報保護法を1996年に施行しており、日本はアジア初ではない。

そして、2010年代に入るとこれまでの規制が見直され始め、2015年のカナダ、2016年の米国でのプライバシーシールド、2017年の日本での改正個人情報保護法、2018年のGDPRと改正が進んでいる。

それではなぜ欧州が、ECデータ保護指令に続き、GOPRプライバシーに関する規制の先駆けとなるルールをつくることとなったのだろうか？

欧州の人々のプライバシー観から生まれたGDPR

欧州では数百年にわたって起こった革命運動によって、「基本的人権」の権利や意識が醸成されてきた。そして、欧州に暮らす人々にとってプライバシーは当然の権利であり、権利が侵害されることを大きな脅威として捉えている。

そのため基本的人権の保護を目的として、個人データの保護に対する権利も「EU基本権憲章」で保障されており、GDPRとはデジタル社会における「基本的人権保護法」でもあるというわけだ。

データ保護の法的基盤は、1948年12月10日に国連総会で採択された「世界人権宣言」にまで遡る。

「何人も、自己の私事、家族、家庭若しくは通信に対して、ほしいままに干渉され、又は名誉及び信用に対して攻撃を受けることはない。人はすべて、このような干渉又は攻撃に対して法の保護を受ける権利を有する。」（世界人権宣言・第12条）。

私生活と関連する自由の権利が明記されることとなった。

1960年代後半になると、ドイツ連邦共和国では国勢調査においてコンピュータを用いて個人データを処理するようになる。これによってプライバシーを侵害されたと考える国民は反発し、法廷に持ち込まれるまでに発展した。

その後、1970年にドイツ連邦のヘッセン州で世界初のデータ保護法が制定され、1977年にはドイツ連邦全州に適用された「BDSG（Bundesdatenschutzgesetz：ドイツ連邦データ保護法）」が施行される。

そして、今回のGDPRでも重要な要素のひとつであるデータ保護責任者（DPO）という職業が、ドイツでは早くも1970年代には確立されることとなった。

1980年になると前述のOECD8原則が採択され、1995年のEUデータ保護指令へと発展する。ところが、EUデータ保護指令では来たるインターネット時代に十分適合しておらず、EU加盟国ごとに異なるデータ保護の法律が存在することで法執行を困難にしてきた。

このような経緯から、欧州のデータ保護法を近代化するために、データ保護改革が2012年に欧州委員会に提起される。

ＧＤＰＲ創設の鍵となる人物は、当時30歳だったドイツ人のヤン・フィリップ・アルブレヒト欧州議会議員。欧州議会市民自由委員会の副議長として欧州連合理事会と欧州委員会の議長との交渉を主導した。

ここから数多くの企業、組織、シンクタンクなども交えて議論が交わされ、欧州法制の歴史上で最も多い４０００の修正案を提出した上で、いわゆる「アルブレヒト報告書」が完成することになる。ここで、「忘れられる権利」の法制化も行われた。

２０１３年になると元ＮＳＡ（アメリカ国家安全保障局）局員による情報収集の暴露を発端として、多くの人たちの関心を集めることとなり、ＧＤＰＲの立法プロセスを加速させることに役立った。この時に、名指しで公表されることとなったグーグル、ヤフー、マイクロソフトなどの米国企業は現在、欧州のデータ保護基準を遵守しなければならない。そのため、欧州で収集された個人データに、諜報機関が合法的にアクセスすることは難しくなっている。

つまり、商業的な規制が、欧州の人々のプライバシーを守ることにも繋がっている。

GDPRの施行によって何が変わるのか？

世界中のプライバシーに関する規制の先駆けとなったEUデータ保護指令について、今一度振り返ってみよう。

本章の冒頭でも述べた通り、EUデータ保護指令は「Directive（指令）」であるため、原則として国内での関連法を整備する必要がありますよ、という意味合いのものであった。「指令」をもとに、1998年までにEU加盟国では国内の法制度を整備することが要求された。そして、「指令」自体には法的拘束力がないため、法の執行については各加盟国に委ねられている。

このことでデータ保護法は加盟国毎に異なり、「31」のデータ保護法が存在している。指令を国内法に導入する際の対応にはある程度の柔軟性が許容されたため、法制度は国ごとに大きく異なっている。

そこで、加盟各国のデータ保護機関代表と欧州委員会司法総局データ保護課代表、欧州データ保護監察機関代表らによって構成される「第29条作業部会」が設けられ、加盟国のデータ保護法に調和をもたらすために、特定の問題に関して共通の解釈と分析を提供することに取り組んできた。

それでは、２０１８年5月25日以降、何が変わるのか？

まず、ＥＵデータ保護指令は２０１８年5月24日をもって廃止とされ、加盟国ではＧＤＰＲに統一される。

ただし、ジャーナリズム・研究等の範疇については加盟国が各国でのデータ保護法を立法することができるとされている。

また、加盟国の調和を増大させることにも重きを置かれており、第29条作業部会は「欧州データ保護会議（ＥＤＰＢ）」へと改組される。

適用対象範囲は明確にされ、ＥＵ域内に拠点を持たない企業も対象となる。

これまでは各加盟国に委ねられていた執行と制裁を増大し、法的拘束力のある規則となる。

莫大な金額の制裁金制度が導入されることは今回の大きなポイントだ。

企業に対しては、データ保護指令にはなかった概念である「説明責任」を導入し、記録保持義務が強化され、データ保護責任者を任命しなくてはならない場合もある。

また、個人データの移転に係る要求事項や個人の権利侵害に係る通知義務などが具体化されている。

そして、本人の同意について立証できなくてはならない。

個人に対しては、これまでの権利を一層強化する。

忘れられる権利やデータ・ポータビリティに関する権利、ダイレクトマーケティングの拒否権、プロファイリングによる判断を受けない権利の明確化。16歳未満の個人データの取り扱い制限などが導入されている。

そして、技術の発展を反映して法の範囲を定める定義のいくつかも変更されている。例えば、IPアドレスなどのオンライン識別子などの情報も個人情報になる可能性があることを明らかにしている。

また、仮名化もしくは匿名化された個人情報については、GDPRの範囲内に収まる可能性もあるとされている。いわゆるビッグデータへの適用に関係してくる。

また、GDPRには加盟国の国内法での拡張や定義が可能な50〜60（カウントの仕方によって異なる）の「開放条項」が存在するため、加盟国ごとに別途条項を設けることができる。開放条項が規則としてはあまりに多く、むしろ指令に近いという側面もあるため、目的であった統一が実現されていないのではとの見解を示す考えもある。

EU離脱国への対応

今はEU加盟国であっても、離脱するとどうなってしまうのか？

そう、英国のことである。

2016年6月23日の国民投票の結果、EUからの離脱支持派が勝利したことを受け、2017年3月にメイ首相はリスボン条約第50条を発動し「英国のEU離脱（Brexit）」の手続きが開始。

本書執筆時点では、2019年3月に離脱の予定である。

つまり、GDPRが施行される2018年5月25日の時点では、英国もEU加盟国であり、GDPRを全面的に実施することにコミットしている。

そのため、離脱日までに処理されたデータについてはGDPRが適用され、離脱以降のデータ移転については、域外への移転ルールが適用される可能性も考えられている

英国政府としては離脱後もGDPRと同じような法律を英国に制定するために英国法を修正する必要がある。2017年6月には英議会開会式においてエリザベス女王が演説のなかで新しいデータ保護法案（Data Protection Bill）について語られた。本書執筆時点（2018

年春）では議会への提案に向けて進められている。

そもそも英国自体が、プライバシーに関する法令に対して国民の認識も高く、２００９年には欧州における規制の枠組みの改正を要求するなどデータ保護の必要性をかねてより訴えてきた国である。

ＩＣＯ（Information Commissioner's office）によると、新しい法案は「透明性・管理・説明責任」に一層の焦点をあてるものとなり、ＥＵ法の範囲外であるデータ処理領域をカバーすることで英国のデータ保護体制に隙間がないようにするとのことである。

このことによって、企業は個人データに対してより大きな責任を負うこととなる。

また、英国とＥＵとの間の個人データ移転の妨げとならないよう、情報保護パートナーシップ政策方針書では、ある程度同等な規制が模索されていくということを示唆している。

そのため、英国企業や各種機関においては、ＥＥＡ在住者の個人データを処理するためにはＧＤＰＲの基準を満たさなくてはならない可能性がある。

いずれにしても、Brexitによって、データ保護への取り組みが軽減されるわけではないということだ。

Brexit後の英国

「データ保護法案はデータ主体による個人データのコントロールを強化し、企業のデータ利用を支援し、英国をBrexitのために備えさせるでしょう」（マット・ハンコック英国デジタル・文化・メディア・スポーツ省閣外デジタル担当大臣）。

英国では新しいデータ保護法案によって、競争力を維持していくことを目指している。

一般的なデータ処理の全体にＧＤＰＲでの標準を取り入れ、その他の一般データ、法執行データ、国家安全データなども全て網羅することになる。

さらに英国企業や組織が世界をリードしている領域である研究、金融サービス、ジャーナリズム、法律サービスを継続的にサポートできるようにするために、現行のデータ保護法で機能している特別な免除は維持することが検討されている。この領域については前述の通り、ＧＤＰＲ下においても加盟国が各国でのデータ保護法を立法することができるとされている。

事実、オンラインサービスの利用者は、個人データがどのように管理されているのかということをますます気にしており、高い基準が要求されている。個人データが本来の意図と異なる目的、例えば政治運動のサポートなどに利用されていることを知り、特定のオンラインサービスを利用することをやめている人たちがいることは、ご存じのことだろう。同時に、利用者は個人データに対するセキュリティ対策についても心配している。

そのため、サイバーセキュリティのベストプラクティスに従っているということを証明できる企業は、そうではない企業に対して優位性がある。興味深いことに、著名な米国ＩＴ企業の多くがセキュリティに関する認証や資格などを取得したことを前面に打ち出し始めている。

GDPRは世界中のデータ保護のためのデファクトスタンダードとなるだろう。

グローバルでＧＤＰＲ対応できている企業は、英国や欧州だけでなく新たな規制が導入される国や地域に対しても適応していくことができる。このことは、データのローカライゼーションに伴う追加コストの軽減にも繋がる。

そして、ＧＤＰＲよりさらに強化された英国の新しいデータ保護法案ではあるが、１９９８年に施行されたデータ保護法に既に対応している英国企業にとっては新しいことではない。

そのため、ＧＤＰＲ遵守のために企業を監査することができる数多くの企業が既に存在し、このサービスのコストは、比較的低い。

また、既に英国民に関する個人データを保管したり処理している英国外の企業にとって、Brexitが要件を大幅に変えるということはほとんどないだろう。

また制裁金については、最も深刻なデータ侵害が発生した場合、データの管理者および処理者には最大で1700万ポンド（2000万ユーロ）または全世界売上高の4パーセントを課すことができるようになる。Brexitによって莫大な制裁金が緩和されるということはないだろう。

もうひとつ、他の見方をしてみよう。

既に英国と他のEU加盟国との間で、デジタル経済は非常に複雑に絡み合っている。そのため、これらを危険にさらす可能性のある選択を議会がするとは考えにくい。

英国政府はBrexit後においても、現在と同様に英国とEUとの間で個人データを移転できることが確実になるよう努めている。

意外な訴訟リスク

米国ではデータ侵害の事実が公になると、迅速にその潜在的な被害者をまとめあげ、集団訴訟を提起する法律事務所も見られると前述した。

欧州各地においても2年間の移行期間で「権利」に関する一般の認識が著しく高まったことで、企業は米国スタイルの訴訟リスクに戦々恐々とし始めている。

実際、英国でも既にいくつかの法律事務所では、データ保護に関する集団訴訟を提案しており、訴訟資金提供者もあらわれてビジネスモデル化してきている。

ドイツでは自動化したプログラムを開発して、GDPRの対策が取られていないウェブサイトを見つけ出し、監督当局への通報をチラつかせて契約を取っていくビジネスモデルを展開する法律事務所もある。

日本では考えられなかったような意外な訴訟リスクが増え続けているが、GDPRではEU域内に拠点を持たない企業も対象となるため、日本企業ももはや射程圏内に入っていると言える。

これらの訴訟や説明責任に備えるために、今後は多くの取引先との契約書にデータ保護の取り決めを加えておくべきである。

例えば、ドイツのオフィスで清掃を依頼している会社との契約書。具体的には、清掃を請け負った者はオフィスにおいて写真撮影をしたり、機器に触れたり、データをコピーしてはならないなどの条項を加えるべきである。

休日や夜間での無人状態のオフィスにおいて、万が一清掃を請け負った者の過失でデータ侵害が起こった場合、これらのことが明記してあれば明確に清掃会社の責任となる。

しかし、明記されていなかった場合は、そのような事態を想定していなかった企業側にも問題があり、清掃会社に責任を問うことが難しくなる可能性がある。

そして、ＧＤＰＲに反した個人データの保管や処理が行われていると思われる企業に対して、民事訴訟を起こせることをＧＤＰＲ自体で認めている（第77・78・79・82条）。さらに、そのような主張が第三者によって代わりに行われ、集団訴訟の可能性もありえる。

あらゆる事態を想定しなくてはならない。

第3章

個人データの処理と移転

影響を受けるのは？

GDPRの適用は、取引やサービスの「対象市場」によって決定される。

EUデータ保護指令では、企業の「拠点所在地」の法が適用されていた。

例えば、グーグルUSAなら所在地の米国法。グーグルアイルランドなら所在地のアイルランド法といった具合にだ。

しかし、GDPRではこの点が大きく変わる。

規則が適用されるかどうかは、取引やサービスが対象としている市場によって決まるのだ。

つまり、米国内の法人であってもEEA在住者との取引やサービス提供があればGDPRが適用される。日本国内の法人であっても同様だ。

もちろんEU域内に子会社や支店、営業所などを持っている場合は、適用される場合がある。EEA域内の従業員や顧客の個人データを取り扱っている場合などだ。

また、EU域内から個人データの処理について委託を受けている企業にも適用される。

例えば、日本に設置されたウェブサーバでEEA在住者の個人データが処理されていたり、日本のクラウドサービスをEEA在住者が利用している場合もだ。

日本のオンラインゲーム事業者もＥＥＡ在住のユーザーがいれば適用されるし、ＥＥＡ在住者に発送しているショッピングサイトなどにも適用となる。

日本企業だから欧州の法律なんて関係ない、というわけにはいかない。


そして度々話題となる「罰則の強化」。

罰則の中でも制裁金については「効果的で妥当かつ思い留まらせるほどのもの」にするということで、ＥＵ競争法での制裁に近いレベルで監督当局は意気込んでいる。


ちなみにＥＵ競争法といえば、米国独占禁止法と並んで世界で最も影響力を持つ競争法だ。その適用は、ＧＤＰＲ同様に世界規模で追いかけてくる。

２０１７年６月には、グーグルがＥＵ競争法によって24億２０００万ユーロという過去最高額の制裁金支払いを命じられたことが記憶に新しい。

泣く子も黙るどころか呆気に取られるほどの金額だ。

そして、ＧＤＰＲ下において重大なデータ侵害が発生した際には、監督当局が「莫大な制裁金を課すことを躊躇しない」ということを示唆している。また、監督当局がランダムでの抜き打ち調査を行うことも予想されている。

実際に、これまでデータ侵害に対して制裁金を課されたことのある国のいくつかでは、その多くが法令上で定められた範囲の最高額であった。

監督当局の怖ろしいまでの本気度が窺える。

GDPRが適用されない事業者は限定的

「企業間取引（B2B）しか行っていない企業に対して、GDPRは適用されない」

法人の顧客としか取引を行っておらず、個人との取引関係はないからというのがその主な言い分だ。

ドイツや英国にある日系企業の経営層との会話でも、しばしばこのような会話に遭遇する。

これは間違い。

B2Bしか行っていない企業にも、もちろんGDPRは適用される。

理由はふたつ。

まず、取引先が法人であっても、常にやり取りをする相手は取引先の従業員である。

そしてそこでは常に、名刺やメール、個人データを含むその他のコミュニケーションが生じているはずだ。

いや、多くの場合で生じている。すなわち、ＧＤＰＲは適用されるのである。

そして、もうひとつ。

自社の従業員のことを忘れていないだろうか？

自社の従業員も自然人であり、ＧＤＰＲに定義されている「データ主体」である。

欧州の労働法に照らし合わせる限り、より多くの従業員がデータ主体としての権利を主張することができる。

つまり、ごく僅かな条件にある企業を除いて、全ての企業が基本的にはＧＤＰＲを遵守しなくてはならない立場にあるというわけだ。

それでは、ごく僅かな条件にある企業とは一体？

顧客の名前を知ることもなく、当然連絡先を知ることもない。そして、現金でのみ支払いを受け付けておりクレジットカード情報もない。

全ての取引が「匿名」で行われている事業者だ。

例えば、生花店などが当てはまるかもしれない。

この場合は、ＧＤＰＲの適用対象外である。ＥＥＡ在住の花卉栽培者などとの直接的な取引がなければの話だが。

もちろん、顧客の名前を知っていたり、クレジットカード情報での支払いも可能であれば、匿名の取引とはならない。

ただし、これはあくまでもイメージを持ってもらうための一例。

もしこの生花店がＥＥＡ域内に存在すれば、無条件にＧＤＰＲの適用対象となる。

そして、もうひとつ日本の企業でよく遭遇する間違いが、ＥＵに子会社がなければＧＤＰＲが適用されることはないという考えだ。

ＧＤＰＲの適用は、取引やサービスの「対象市場」によって決定されるわけだから、これも当然間違い。

例えば、商品やサービスを提供していなくても、ＥＥＡ域内での見本市で交換した名刺などもＧＤＰＲ適用の対象となる。

そして、日本の企業がＥＵの土を踏んだかどうかは関係ない。

英語やドイツ語などのヨーロッパで一般的に用いられている言語によって作成されたウェブサイトや連絡先ページなど。ここでCookie・ウェブ解析・トラッキングなどを直接的もしくは間接的に使用することによって、ＥＥＡ在住者のオンライン情報が収集されていたとしたらＧＤＰＲ適用の対象となる。

ただし、明らかに日本在住者にのみ商品やサービスが提供されていることが明らかであれ

ば、ＧＤＰＲを適用する必要はない。

例えば、日本語のウェブサイトしか用意していない場合などだ。

また、オーストリアでは２０１８年7月31日のデータ保護改正法により、データ主体は個人だけでなく法人にも適用されることとなる。企業に関するデータも、個人データ同様に適法な処理と移転がなされなければならない。

以上の通り、**ＧＤＰＲの適用外となる事業者は日本国内でも限定的である。**ＥＵに関連する何らかのビジネスを行っている場合は、ＧＤＰＲの適用対象かどうかを注意深く検討し、適用対象となる場合には、十分なコンプライアンス体制の整備を行う必要がある。

全世界での売り上げが基準

罰則として常に制裁金が課せられるというわけではない。開示や監査といった調査、警告や遵守命令、認証の撤回などといった場合もある。

ただし、データ侵害の性質や重大さ、そしてその期間。また、違反が故意であったり過失が認められた場合や、行動規範や認証が遵守されていなかった場合には制裁金を課される可能性がある。

データ侵害が発生した際に、データ主体の被った損害を緩和するためにどのような措置を講じたのかだとか、実施された技術的もしくは組織的対策、救済する上で監督当局にどの程度協力したのかなどによっても判断される。

また、違反だった場合に監督当局が知ることとなった経緯や、影響を受けた個人データのカテゴリー、過去の違反や警告を受けたことがあるかなども考慮される（以上、第83条第2項）。

つまり個人データを処理する以上、最初から最後の最後まで手を抜くことは許されない。意図的であるか不注意であるかは関係ないわけだから、GDPRへの遵守努力は制裁金減免のためにも重要だ。

そして、制裁金を課される場合の最高額は「2000万ユーロまたは全世界年間売上高の4パーセント相当のいずれか高いほう」。

ここで「全世界」での売り上げを基準としているところがポイント。これは、抜け道を作られることを防ぐためだ。

もし「全世界」と書かれていなければ、EEA在住者のデータ処理だけを目的としたマーケティング子会社を設立して売り上げを過少に申告し、制裁金を少額で済ませるなんてこともできてしまう。

以上は制裁金に関しての規定だが、民事上の責任として、データ主体からの損害賠償や慰謝料を請求された時についても同様である（第82条）。

もし管理者が、自身に損害の責任がなかった旨を証明できなければ、責任を負わなくてはならない（第82条第3項）。

さらに、ドイツの新しいデータ保護法では重大なデータ保護違反は犯罪となっている（BDSG-Neu 第42条）。

3年以下の禁固刑または罰金刑だ。

本来であれば顧客や従業員などのプライバシーを守るために取り組まなくてはならないことなのだが、ここまで厳しくなるとＧＤＰＲに取り組む動機が変わってきている企業があるのも欧州の現実ではある。

個人データ処理の原則

管理者は、「個人データ処理の原則を遵守する義務」を負っている。そして、遵守を証明できなくてはならない。

個人データ処理の「原則」は、6つの軸で構成されている（第5条）。

そして、第2章で述べたOECD8原則を包摂するものとなっている。

ひとつ目は、「適法性、公平性および透明性の原則」。

個人データの処理は常に、適法またはデータ主体の同意を得ていなければならない。

また、処理の目的の法的根拠や、データ主体の同意の範囲内で行われていなければならない。

そして、データ主体が一般に予測可能な範囲での処理しか行わないことである。

これはOECD8原則の「収集制限の原則」、「公開の原則」、「個人参加の原則」。

ふたつ目は、「目的限定の原則」。

個人データの処理は、適法またはデータの主体の同意を得て指定された目的のみに対して

認められる。

ただし、本来の目的から逸脱している場合でも、密接に関連している場合に限っては、例外的に認められる場合もある。

これはOECD8原則の「目的明確化の原則」、「利用制限の原則」。

3つ目は、「データ最小化の原則」。

個人データは、処理を行う目的の必要性に照らして、最小限に限られていなければならない。

実際に想定されることとしては、顧客のプロフィールデータを際限なく増やし続けることはこの原則に反する（ビッグデータ問題とも呼ばれる）。見込み顧客の情報なども、定期的に個人データを削除する必要がある。

4つ目は、「正確性の原則」。

個人データは、正確であり、必要であれば最新に保たれなければならない。

そして、データ主体からの修正および削除要求を可能とし、不正確な個人データは迅速に削除または訂正されなくてはならない。

これはＯＥＣＤ8原則の「データ内容の原則」。

5つ目は、「保管制限の原則」。

3つ目の「データ最小化の原則」と密接な関係にあり、個人データの処理を行う目的がなくなった時点で削除しなければならない。

そして、データ主体を識別可能な状態で保管しなくてはならない。

6つ目は、「完全性および機密性の原則」。

個人データに、適切な技術的かつ組織的措置によってセキュリティが確保される形で処理されなければならない。

このことによって、不正もしくは違法な処理からの保護、偶発的な滅失、破壊または損壊に対する保護を含む。

これはＯＥＣＤ8原則の「安全保護の原則」、「責任の原則」。

これらの原則を遵守し、一定の条件が満たされることで、「適法な」個人データの処理だと認められる。

個人データ処理の「原則」

1. 適法性、公平性および透明性の原則
2. 目的限定の原則
3. データ最小化の原則
4. 正確性の原則
5. 保管制限の原則
6. 完全性および機密性の原則

お問い合わせフォーム

外部に晒している「境界」でのリスクを減らすこと。企業のウェブサイトや外部に公開している情報。これらがサイバー攻撃に晒されるリスクを軽減するということは、ＧＤＰＲを遵守し、莫大な制裁金のリスクを下げるためにも重要なポイントのひとつだ。

多くの場合、企業のウェブサイトにある「お問い合わせフォーム」では、氏名・電話番号・メールアドレスなどの個人データが収集されている。

収集される個人データは「データ最小化の原則」に則ってデータの量を常に最小限に抑え、実際に連絡を取る上で必要とされる個人データのみをデータ主体に求める必要がある。

すなわち、お問い合わせフォームにおいて「必須」の項目だけが必須であり、それ以外のものはオプションでなければならない。

そのためには、データ主体がどのような手段で企業との連絡を取りたいのか、選択できるように設計することを推奨する。

お問い合わせフォームで提供される選択肢の一例として、次のような形が考えられる。

・電話での連絡を希望する
・メールでの連絡を希望する
・郵送での連絡を希望する

ここで指定された通信手段に対して、必要な情報のみが要求されるようにすれば良いわけだ。

合わせて、「お問い合わせフォーム」に入力したデータが、誰によって、どのような方法で、どのような目的のために処理されるのかといった情報を明示し、その同意を得ておかなくてはならない。

同意を示すことを確認するには、同意を示すチェックボックスを設け、チェックが入らなければ「送信」ボタンを押せないようにするといった仕組みを設ける方法が考えられる。もちろん、チェックボックスに事前にチェックが入っていてはならない。データ主体が自らの意思で、チェックを入れなければならないのだ。

同時にGDPRでの特徴的な点は、データ主体が個人データの処理に関して同意を示したのと「同じくらい簡単な方法」によって、同意を取り消すことができるようになっていなければならないことだ。

例えば、メールでの連絡に同意した人へのメールでよく見られる方法。その同意を簡単に取り消すことができるためのウェブサイトへのリンクが文末などに記載されているはずだ。「配信停止はこちら」などと書かれているアレだ。

そして、前述したいずれの方法を取る場合においても共通して重要なポイント。

それは、「お問い合わせフォーム」が安全な方法によって送信されることである。

つまり、お問い合わせフォームに「暗号化」が実装されていること。

さらに、定期的に適切な暗号化や証明書が実装されていることを確認することである。

個人情報の取得と消去

GDPRが施行されるまでの準備期間として2年間が与えられていた。

ところが、欧州においても基本的な対策さえ実行に移せていない企業は少なくない。

なぜ、そのようなことが言い切れるのか？

もっとも基本的な対応のひとつであり、企業の外部に面しているウェブサイトでのプライバシーに関する通知、クッキーに関する情報、ユーザーの追跡と分析、データ保護責任者への連絡先情報の開示などが行われていない企業が未だに多くあるからだ。

次に当てはまるウェブサイトは、GDPRに対応していないと判断される可能性が高い。

・お問い合わせフォームで、必要以上に多くの情報を求めている。
・お問い合わせフォームに入力した情報が、安全な方法で送信されていない。ただ単に暗号化すればよいというわけでもない。古い仕様であったり、脆弱性のある暗号化では意味がない。
・提供された情報が、どのような目的のために使用されるのか説明していない。
・提供された情報を使用することに同意を得ていない。
・同意を取り消すための方法が説明されていない。
・容易に同意を取り消すことができない。
・プライバシーポリシーが難解な言葉で書かれている。
・クッキーやウェブサイトでの行動解析を行っていることを知らせていない。
・メールマガジンへの登録チェックボックスなどに、はじめからチェックが入っている。

そしてこのことは競合他社に異様な機会を与えてしまう。競合他社の違反をわざわざ見つけて訴えるような企業もあるからだ。

残念なことに、自動的に巡回してGDPRに対応していないウェブサイトを特定するソフトウェアまで存在している。

ここでひとつ、2016年にドイツで行われた興味深い実験を紹介しよう。

保存されている全てのデータを、データ主体が取得・要求・削除する権利については、2009年からドイツ連邦のデータ保護法で既に実施されていた。ところが、その有効性についての検証はほとんど行われてこなかった。

そこで、現在バンベルク大学でプライバシーとセキュリティに関するワーキンググループを率いるドミニク・ヘルマン教授らによって、次のような研究が行われた。

「個人情報の取得と消去の要請：アプリケーションのベンダーとウェブサイトの所有者はあなたのプライバシー権を尊重していますか？」（出典：https://arxiv.org/pdf/1602.01804.pdf）

ヘルマン教授の研究では、120のウェブサイトにアカウントを作成した。そして、サービスを利用するために個人情報を提供する。

対象となった企業が法律を遵守するのか？　どのように法律を遵守するのか？　このことを確認するためにアプリとウェブサイトを使い、企業に対して保存された個人データの提供と消去を要求するという実験を行った。

この時に、要求に応じた企業は全体の28%。残りの企業は拒否または返答自体がなかった。

ところが、要求する際に「データ保護法で守られている権利だ」という旨の文言を付け加えたところ、応じた企業は43%にまで伸びたのだ。

さらに驚くべきことは、登録とは異なるメールアドレスを用いて問い合わせたにもかかわらず、18%の企業が個人データを提供した。

巧妙に仕組まれたフィッシング詐欺に騙されるどころか、そもそも確認もしないで個人データを提供してしまっているのだ。

GDPRでは、これらの違反に対して莫大な制裁金が課されることとなる。

適法な処理の要件

適法に個人データを処理しなかった場合、2000万ユーロまたは全世界年間売上高の4パーセント相当のいずれか高いほうが制裁金として課される可能性もある（第6条、第83条）。

では、適法な処理とは何か？

次のいずれかひとつ以上に該当する場合を指す。

a.「データ主体による同意を得ている場合」（第6条第1項a）

ただし、あらかじめ「同意する」のチェックボックスにチェックが入っている場合は、同意をしたものとみなすことはできない。

また、自由意思によるものであることを証明しなくてはならないが、従業員の場合においては「自由意思」であることを証明するハードルが高いのが現実である。

b1.「データ処理が契約の遂行に必要な場合」（第6条第1項b）

最低限の氏名・住所が分からなければ商品を送付できないような場面などが想定される。

例えば、オンラインショップで衣服を注文するとなると、氏名・住所・決済のためクレジットカード情報・注文商品・サイズといった情報の取得と処理が必要になる。

この時、運送業者に伝える個人データは「氏名と住所のみ」。クレジットカード情報や商品に関する情報は配達に不要なので「伝えてはならない」。

しかし問題点としては、友人からの贈り物などで買い主と配送先とが一致しない場合が考えられる。

b2.「データ主体からの問い合わせによる、契約前のやり取りの場合」（第6条第1項b）

従業員との雇用契約を履行するために必要な、従業員データの処理の適法性を証明する上で有用。

c．「管理者が法律上の義務を課されている場合」（第6条第1項c）

例えば、税法上において一定期間の情報の保存が定められている場合。

ただし、EU法またはEU加盟国法上のものを意味しており、日本法や米国法などのその他の国や地域の法律に基づく義務は該当しない。

d．「データ主体またはその他自然人の生命を保護する必要がある場合」（第6条第1項d）

例えば、気絶している者の血液型等の健康関連情報。

e．「公共の利益または公的権限を行使する場合」（第6条第1項e）

f．「個人データの処理に関して管理者の正当な利益が認められる。または、その処理においてデータ主体が保護する利益が管理者の利益を上回らない場合」（第6条第1項f）

データ主体にとって、予測可能な範囲の会社の通常の業務における利用などは、認められる。

aで述べられた「同意」に基づいた処理がされる場合、管理者はデータ主体によって個人データの処理に対しての同意を得ていることを証明できなくてはならない。

ただし、例えばサービス約款などの中で同意を要求する場合は、その他の内容と明らかに区別できる方法で明示されていなければならない。どさくさに紛れて同意させようとすると、自由意志に反するカップリングとみなされてしまう可能性がある。同意が自由になされているかが重要だ。

また、同意には撤回する権利があり、その旨を同意書で明示しておく必要もある（以上、第7条）。

万が一、ＧＤＰＲの基準に対応していない形で既に同意を取得している個人データがある場合、注意が必要だ。

２０１８年5月25日の施行までにデータ主体からＧＤＰＲに対応した新しい同意を得ておかなくてはならない。

契約前のやり取り

雇用契約前の採用プロセスでは、多くの個人データが収集され処理される。

求人が電子的に処理されている場合、いくつかの重要なポイントがある。これは、特に中小企業にとっての大きな課題となる。

企業の求職に際して採用担当者への応募をメールで送信する場合、GDPRを遵守しなくてはならない。

応募者（データ主体）は通常、暗号化されていないメールを介して個人情報を含む履歴書、証明写真などの画像、推薦状などの書類を送付する。

募集が終了し採用が決まった後、これらの情報はどうなるのか？

応募者の送付したメールと書類は、採用担当者のメールボックスに保存されていることになる。

しかし、「個人データを提供するにあたって、データ主体は必要な情報提供を受けることができる」とされている（第13条）。

つまり、企業は個人データ収集と処理の目的および法的根拠、個人データの処理方法および保管期間などを、詳細に応募者に対して通知しなくてはならない。

これは、請負処理者に外注している場合や、在EUの日系企業が日本の本社に個人データを転送している場合においては、特に重要なことだ。

そして、応募者がデータの処理に同意した場合。

お問い合わせフォームなどと同様に、どのように同意を取り消すことができるかを企業側は同時に説明しなければならない。

これらの要件を効率よく満たすためには、どのような方法が考えられるだろうか？

例えば、求人に際しメールの使用を中止する。

そして、ＧＤＰＲの要件を満たしたウェブベースの求人プラットフォームなどに切り替える。

応募者は、個人データの取り扱いについて通知を受け、同意し、暗号化接続を使用してウェブ上で安全に書類をアップロードすることができる。求人プロセスが完了すると、不要な書類は自動的に削除される。

また、応募者は求人プラットフォームにいつでもアクセスすることができ、会社に提供した情報の種類を確認したり、必要に応じて書類の一部または、全部を変更または削除することができる。

このようなものを用意もしくは利用することは、ひとつの方法として考えられるだろう。

もちろん、紙での応募でも同じだ。

実際、10年も20年も前の応募者の履歴書が書類棚にしまいこまれている企業もあるのでは

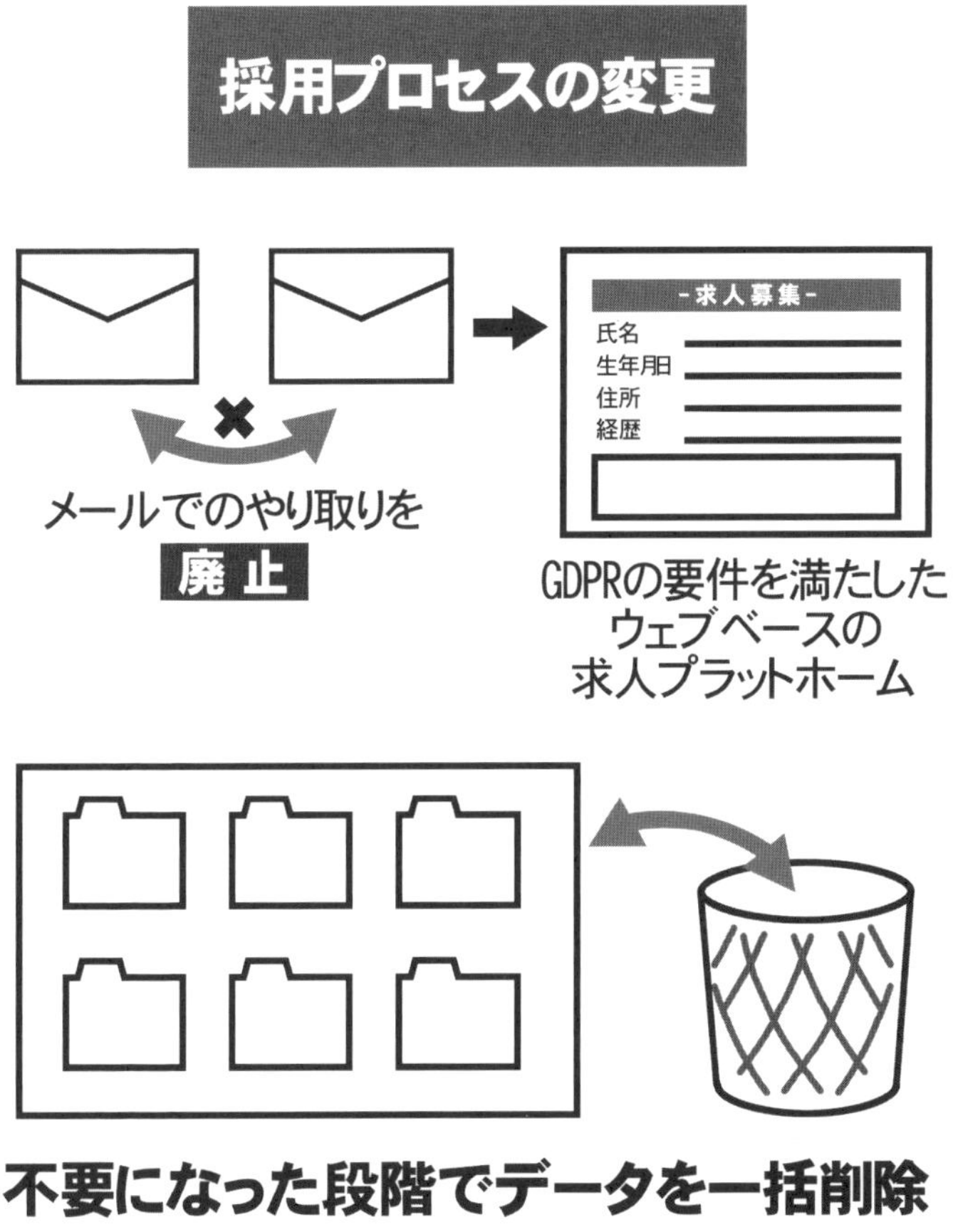
採用プロセスの変更
-求人募集-
氏名
生年月日
住所
経歴
メールでのやり取りを
廃止
GDPRの要件を満たした
ウェブベースの
求人プラットホーム
不要になった段階でデータを一括削除

ないだろうか。

紙の履歴書も退職者の法定保存期間を過ぎたら適切な処分がなされなければならないし、不採用となった応募者の履歴書についても、何らかの法的対応に備えて6ヶ月を目安に保管した後は適切な処分がなされなければならない。

シュレッダーにも、ドイツ工業規格（DIN）では7段階のレベルが設けられている。短冊状にカットするレベル1から、ほぼ粉末状に近いレベル7まであり、アメリカ国家安全保障局（NSA）ではレベル7で機密文書を処分することが定められている。

個人データの記載された書類では、レベル3以上のシュレッダーで処分することが推奨されている。

別系統のネットワーク環境

応募者が入社し、従業員となって以降もGDPRは遵守されていなくてはならない。

もし企業が認めていれば、昼休みや休憩時間などに業務で使用しているPCを用い、個人のメール確認やニュースサイトを閲覧したりする従業員もいるかもしれない。

ところが、情報流出や不正な通信を監視するために、ネットワークトラフィックの監視をしている企業では、意図せずとも個人の通信内容が見えてしまうこともある。暗号化された通信であったとしても、ディープ・パケット・インスペクションで傍受することもできる。

例えば、従業員が企業のPCを利用してウェブメールから友人に私的なメールを送ったとしよう。この接続は暗号化されているとする。つまり、企業のPCとウェブメールとの間は暗号化されていることになっている。

その証拠に、ウェブブラウザのアドレスバー（URLが表示されているところ）には緑色の鍵マークが表示され、暗号化が行われていることを伝えている。

このような状態であっても、安心はできない。

もし企業のシステム管理者が悪意を持っていれば、企業のPCとウェブメールとの間にあるプロキシサーバ（企業内に設置）で復号化を行ってメールの内容を傍受し、再び暗号化して送り出してしまえばよい。

この場合であっても、企業のPCとプロキシサーバとの間では暗号化がされていることから、安全なことを示す緑色の鍵マークが表示される。

そして、従業員自身が傍受されていることに気付くことは困難だ。

このような手口は「中間者攻撃」として確立されており、れっきとしたハッキング行為だ。

そして、通信が傍受されていたことを知った従業員は、データ主体としての権利を主張することが考えられる。欧州では具体的に、労働法も伴って企業が従業員から訴えられることも考えられる。

このような事態を回避するためには、企業内でのPCやスマートフォンなどの私的利用を完全に禁止することだ。

しかしながら、それでは不便なこともあるため、実際には業務用と私用とで別系統のネットワーク環境を用意する企業もある。

10年ほど前にドイツのディスカウントストアでは、更衣室に設置された防犯カメラによって競合店からのスパイを見つけ出すことができたが、同時にプライバシーに関する議論が生じた。

最近では小売店舗だけでなくオフィスに防犯カメラが設置されることも増えてきたが、この場合の画像データもGDPRを遵守した保管がなされていなかったり、ハッキングされる可能性があったりすると、従業員による監督当局への内部告発に繋がる可能性もある。

説明責任の原則

管理者は、個人データ処理の原則を遵守する義務を負っている。そして、「遵守を証明」できなくてはならない。

遵守の証明。すなわちGDPRで新たに加わった概念である「説明責任の原則」だ。

データ保護指令においては、監督当局の要求もしくは実際のデータ侵害が発覚した時に、管理者は適切なデータ保護措置が取られていたことを証明できれば十分だった。

ところがGDPRでは、データ侵害が発生しないためのデータ保護コンセプトとその実践を、管理者は常に証明できる状態にしておかなくてはならない。

ここが大きな変更点である。

そして請負処理者も含めた管理者は、必ず全ての個人データ処理プロセスの機能性・妥当性を証明するために「処理行為の一覧」を記録し、監督当局への提出や閲覧を常にできるようにしなくてはならない。

万が一、監督当局からの要求に応えられない場合は、1000万ユーロまたは全世界年間売上高の2パーセント相当のいずれか高いほうが制裁金として課される可能性もある。

ここでの「請負処理者」とは、一体誰のことなのだろうか？　例えば、顧客サポートを委託しているコールセンター事業者などは、すぐに思い浮かぶだろう。

ニュースレターやメーリングリストの配信・管理を行うクラウドサービスの事業者なども該当する。

また、言われてみれば当然だが、オンラインショップを運営するためのインターネット・ショッピングモールも該当する。例えば、楽天市場のようなサービスだ。

ここでの「請負処理者」であるが、第三者ではないため、管理者にとって正当なデータ処理である限りはデータ主体からの同意を別途得ることは不要である（第４条第10項）。

ただし、ＧＤＰＲ以前に締結した請負処理の契約はＧＤＰＲに対応していないものもあるため、２０１８年５月25日の施行までにＧＤＰＲに対応した形での契約条件変更や新規締結が必要である。

また、管理者はＧＤＰＲの要件を満たす技術的および組織的対応（TOM's）を十分に保証できる処理者以外は使用してはならない。

請負処理者がＧＤＰＲを遵守できるかのチェックを行い、場合によっては契約を切り替え

る必要もあるということだ。

そして、もし自社が請け負って処理を行っている事業者であれば、ＧＤＰＲを遵守できないことは死活問題となる。

データマッピングの必要性

管理者はＧＤＰＲを遵守しているだけでなく、どのように遵守しているのかを監督当局に対して説明する責任も負っている。

最初のステップは、どのデータが保管されているか？　どのようにデータが処理されているか？　を理解することだ（企業内で保管され処理されている様々なカテゴリーの個人データと、内部および外部へのデータ移転を含む）。

これを「データマッピング」と呼ぶ。

そのメリットはＧＤＰＲの遵守だけではない。ビジネスプロセスやＩＴ運用をよりよく理解するための助けとなるなど、多くのメリットを提供してくれる重要なビジネスツールにもなるのだ。

多くの企業では何年にもわたり膨大な量のデータが蓄積されてきており、ＩＴ担当者でさえも必要なデータがどのコンピュータもしくは、サーバに格納されているのかを正確には把握できていないことも多い。

そこでデータマッピングを、企業のＩＴインフラを見直し、より現代的で効率的なものにするための好機と捉えてみてはどうだろう。

多くの場合、データマッピングによって古いデータや不要なデータが見つかる。

これらを削除することは、ＧＤＰＲを遵守する上でのリスクを低下させるだけでなく、データの保管にかかるコストの削減にも繋がる。

それでは、どのようにデータマッピングを行えば良いのだろうか？

方法は無数にあるため、ここではお勧めの方法をひとつ紹介しよう。

ただし、これは必ずしも全ての企業に当てはまるわけではないので、あらかじめご了承いただきたい。

ＩＴインフラ全体の概要だけでなく、外部のＩＴプロバイダが提供するホスティングサービスやクラウドサービスなども考慮に入れることができるため、「ＣＭＤＢ（Configuration Management Database：構成管理データベース）」と呼ばれるツールを活用することがひとつの方法だ。

日本の大企業であっても、欧州の現地法人となると数人規模で運営しているところもある。現地の基準に照らすと中小企業に分類される場合もあるため、中小企業などでも取り組みやすいこの方法は取り入れ易いだろう。

また、外部のＩＴプロバイダの提供するサービスを使用している場合、ＧＤＰＲに照らし合わせて契約を厳密に確認する必要がある。

特に、データの安全性とデータセキュリティが確保されていることを確認しなくてはならない。どの国に情報が格納されているのか？　どのような技術的および組織的対策（TOM's）が適用されているのかといったことを確認する必要がある。

ＩＴプロバイダがＩＳＯ２７００１の認証を取得している場合には、認証のコピーを依頼する。そして、サービスレベル契約（ＳＬＡ）とアウトソーシング契約と共に、ＣＭＤＢに記録しておく必要がある。

データマッピングは、ＧＤＰＲの最初のステップとなり、同時に多くのメリットをビジネスにもたらす。

データ侵害のリスクを抑えるには

データマッピングが複雑になる時。

多くのＰＣ、ラップトップ、スマートフォン、その他のモバイルデバイスなどを持つ企業では、データマッピングが非常に複雑になる。

個人情報を含むデバイスを紛失したり盗難に遭ったり。もしくはＵＳＢメモリが第三者の手に渡って不正にデータがコピーされてしまうといったことも想定しなくてはならないからだ。

この場合のお勧めの方法。

「個人データ」と「それ以外のデータ」とを分離して保管すること。そして、個人データを保管しているほうの機器には、技術的な対策を施すということだ。

至極真っ当なことではあるが、これによってデータ侵害のリスクを極めて低く抑えることができる。

例えば、個人データが保管されている機器では、ＵＳＢポートを無効にする。

モバイルデバイスが紛失や盗難に遭った場合に備え、遠隔でデータを消去できる機能を持った「ＭＤＭ（Mobile Device Management：モバイルデバイス管理）ツール」を活用するなどといった方法が考えられる。

ＭＤＭを活用すると、万が一の際のセキュリティを強化できるだけではない。遠隔で業務アプリやファイル、設定ポリシーなどを各デバイスに配信することもできる。そのため、非常に効率的なデバイスの導入と管理を行うことができ、従業員に配布したデバイスの管理・運用コストを大幅に削減できるというメリットもある。

新しく採用された従業員は、ＭＤＭによって管理されているラップトップとスマートフォンが配布されるため、メールやセキュリティの設定を心配する必要もない。

このことによって、従業員の持つデバイスに保存されているデータと、企業側のサーバに保存されているデータとを個別に管理することができるようになる。

サーバにはＶＰＮでの接続や、専用のアプリケーションを介してのみアクセスできるようにすることで、より徹底した管理を実現できるわけだ。

そして、データマッピングでは「鍵」についても洗い出さなくてはならない。

パスワード？　電子証明書？　ＰＧＰ暗号鍵？

これらはもちろん必須になる。
そして、書類棚の「鍵」についても洗い出す必要がある。
誰が何の「鍵」を持っているのか？
その鍵はどこで使えるものなのか？
なぜなら、ＧＤＰＲは物理的なものかどうかにかかわらず適用される規則だからだ。

加盟国ごとに異なる解釈

データマッピングの次には、ＧＤＰＲに対応した個人データ保護規定やプライバシーポリシーの整備を行う必要がある。
さらに、「遵守の証明」として「処理行為の一覧」を記録しなくてはならない。（第30条）
ＧＤＰＲで新たに取り入れられた対応で、最も重要な書類またはファイルのひとつだ。
この記録は、常に最新のものにしておかなければならず、要請があれば監督当局に提出する必要がある。そして、現地の公用語で記載されていなくてはならない。ただし、翻訳をすぐに提供ができる場合は、別の言語でも記載されることがある。

そのため、多くの日本企業では英語で記載するということを選択している。これは維持管理が容易で、現地の公用語への翻訳を迅速に行うことができるからである。

この記録を行う義務は、従業員250人未満の企業では適用除外とされている。しかし、適用から除外されていることが、データ主体の権利と自由にリスクをもたらすものであってはならない。

個人データの処理が偶発的にしか行われない、もしくは個人データが処理されることが特段ない場合も適用除外となる。

しかし通常の企業活動において、「偶発的にしか個人データを扱わない」という状況は考えにくい。ほとんどの場合で該当しないものと考えてよいだろう。

また、従業員250人未満の企業の場合でも、定期的に個人データを処理している企業は対象となる。

例えば、月一回の社員への給与支払いは「定期的な処理」に該当する。

ただし、英語版およびフランス語版とドイツ語版とで、現状では一部解釈の異なる点もある。判断が曖昧なため、小規模企業であっても処理行為の一覧を記録しておくことが賢明かもしれない。

ちなみに、子どもの年齢とデータの収集および処理への同意なども、加盟国ごとに異なっている。参考までに、何歳までが「子ども」と明確に定義されているのかをいくつかあげておこう。

英国、スウェーデン、スペイン、ポーランド、ラトビア、アイルランド、デンマーク、チェコなどでは13歳までが子どもだ。

フィンランドでは13歳までということもあれば、15歳までとしている場合もある。

オーストリアでは14歳まで。

フランスでは15歳までということもあれば、16歳までとしている場合もある。

ドイツ、オランダ、ハンガリー、リトアニア、ルクセンブルク、スロバキアなどでは16歳としている。

これらの国以外であっても、16歳未満は子どもであるとGDPRには定義されており、個人データの処理を行うためには親または保護者による同意が必要だ。そして、親または保護者からの同意であることを確認できる仕組みも必要である。

処理行為の一覧を記録する

「処理行為の一覧」を記録するに際して、次の内容を記載することが定められている。

・個人データ処理の目的
・データ主体および個人データのカテゴリ
・個人データの過去または将来的に受信する者（域外含む）のカテゴリ
・個人データの削除期限
・第三国へのデータ送信
・データセキュリティを保証する技術的および組織的対応（TOM's）の詳細（具体的には、アクセス制御、バックアップシステム、暗号化などの対策が記入されることとなる）。

ただし、どこまで詳細な記載をすべきなのかということは定められていない。

記録保持義務という観点からいけば、「できるだけ具体的かつ詳細に記録していくことが望ましい」といえる。

このような取り組みは、大企業にとってはソフトウェアなしでは実現できない大きな課題になるかもしれない。

さいわい、ＩＳＯコンプライアンスに使用される多くのプロセス管理システムは、ＧＤＰＲコンプライアンスの文書化要件を満たすためにも応用することができる。

また、日常業務においてデータ主体から個人データについて問い合わせがあった場合、その件にどのような対応を行ったのかも正確に記録しておく必要がある。

例えば、顧客から電話があり、顧客情報を削除するよう要請された場合。この要請に対して、どのような処理をいつ誰が行ったのか、正確に記録されていなくてはならない。

そして、事業の状況に応じて「処理行為の一覧」の定期的な更新と見直しを「継続的に」行っていくことも必要である。

ここで忘れてはならないのは、「処理行為の一覧」に対して行った処理行為についても、記録が必要ということだ。

データ保護担当者（ＤＰＯ）

説明責任を実現する責任者として「データ保護責任者（ＤＰＯ）」を任命しなくてはなら

ない場合がある。

「責任者」と呼ばれてはいるが、データを安全に保つ責任者ではない。経営層をGDPR遵守へと導き、データが安全に保たれていることを確認する責任があるのだ。

そのため、ドイツ語でデータ保護責任者を表す"Datenschutzbeauftragter"という言葉は、データ保護「担当者」を意味する。おそらく、DPOの「O」をOfficerということでCEOやCIOと同じく「責任者」と日本語訳してしまった人がいるからだろう。

つまり、個人データに関する責任者は、最高経営責任者（CEO）であるということを意味する。そして、CEOはデータ保護に十分な取り組みとリソースを割り当て、DPOの取り組みを支持しなくてはならない。

そのため、社外にDPOを委託したとしても、データ保護に関する責任を社外に転嫁できるわけではない。

それでは、DPOを任命する必要のある条件とは？

例えば、10名以上の従業員のメールアドレスが、クラウドサービス上のアドレス帳（アウトルックなど）に保存されている場合。

DPOの任命

DPO

社内 or 社外

グループ企業共通

※社長がDPOを兼任することはできない

↓

DPOを選任しなかった場合や
その職や役務を尊重しなかった場合は
1,000万ユーロまたは全世界年間売上高
の2%相当のいずれか高いほうが
制裁金として課される 可能性あり

その際、各自がお互いのメールアドレスや顧客、取引先等の個人データにアクセスできる場合は、DPO任命の義務がある。

そして、DPOはGDPRを遵守できているかの監視と、データ保護に関するアドバイスを行わなくてはならない（第38・39条）。

プライバシーへの理解は当然として、ビジネスプロセスと個人データとの関わりや、サイバーセキュリティなどにも精通している必要がある。

GDPRは法律の力だけで解決できる問題ではなく、技術的および組織的対応（TOM's）が重要である。

そのため、データ保護責任者は経営者や弁護士よりも強い力を持っている。

アウトソーシングによって外部にデータがある場合、もし請負処理者がDPOから管理状態を問われたら請負処理者はそれを開示しなくてはならない。

そしてDPOは、「管理者および処理者」と「監督当局」との連絡係の役割を果たす。

DPOの任命は、社内もしくは社外から可能だ。そのため、グループ企業において共通のDPOを任命することも可能である。

また、EU域内に拠点を持たない企業は、代理人を選任するという方法も取れる。

そして、個人データに関して強力な権限を持つＤＰＯが反旗を翻した場合には経営リスクになるという考えから、ＤＰＯアウトソーシングを活用している企業もある。

ただし気をつけなくてはならないことは、ＤＰＯに「容易」な連絡方法が確保されていなくてはならないとされていることだ（第39条第1項ｄ・ｅ）。**データ主体や監督当局などから、「容易」に連絡が取れる状態でなければならない。**

そして、時差や共通言語の問題などから「容易」という条件に該当しないと判断されるケースも考えられる。

ＥＵデータ保護のドイツ化

社長がＤＰＯを兼任することはできない。

利益相反を引き起こす可能性があるためだ。同様に、個人データを改ざんできる可能性のあるＩＴ担当者およびシステム管理者も、同様の理由でＤＰＯを兼任することはできない。

２０１１年にドイツ監督当局の代表者で構成されるDüsseldorfer Kreis委員会によって、個人データの処理に関与する度合いが大きい、ＩＴ、マーケティング、人事マネージャーなどとDPOとの兼任は不適切であるという見解が示された。

また、2016年にはドイツのバイエルン州データ保護監督当局（BayLDA）によって、IT管理者とDPOを兼任させて任命した企業に対して制裁金を課している。

もちろん、フルタイムでのDPOであり、他の役割が与えられていなければ利益相反の問題はなくなる。パートタイムでのDPOを任命する際には、現在の業務と義務を慎重に検討し任命しなくてはならない。パートタイムのDPOを任命するのであれば、外部のDPOに委託するという考え方もできる。

また、DPOを選任しなかった場合や、その職や役務を尊重しなかった場合は、1000万ユーロまたは全世界年間売上高の2パーセント相当のいずれか高いほうが制裁金として課される可能性もある。

そして、ドイツのデータ保護法では既に20年以上前からDPO制度が導入されていた。GDPRが「EUデータ保護のドイツ化」とも呼ばれる所以のひとつである。

ドイツでは、DPOとして行動するために必要な知識を持っていることを証明する試験を含む、一週間の集中コースなどもある。

しかしながら、法と技術は常に変更の対象となるため、認定を更新しなければならない。

説明責任を実現する責任者と言われると重苦しい感じではあるが、企業の資産を守り自社の競争力を強化する者と考えると、ＤＰＯとは企業にとって非常に心強い存在である。

ＧＤＰＲの歓迎すべきもの

このことからも、ＧＤＰＲはドイツ企業に多くの変化をもたらすものではない。**ドイツのデータ保護法「ＢＤＳＧ（Bundesdatenschutzgesetz：ドイツ連邦データ保護法）」が既に厳格なものであり、ＧＤＰＲの策定にあたり多くの部分で影響を与えてきたからだ。**

例えばＤＰＯに関する規則など、ドイツのＢＤＳＧのほうがいくつかの場面ではＧＤＰＲよりも厳しい。

１９７０年にドイツのヘッセン州で施行された世界で初めてのデータ保護法。１９７７年には「ＢＤＳＧ」としてドイツ連邦全体に適用されることとなった。ここで初めて「職務と責任」に関する記述が設けられることになる。

コンプライアンスに十分な努力を注いでいない場合、経営層に対して強い力を発揮できる職業としてのＤＰＯが設けられた。

そして、DPOはGDPRにおいても非常に重要な役割を担っている。ドイツのBDSGとGDPRとの大きな違いは、制裁金の額が増えたこと。そして、企業が整備しなくてはならない書類が多いことだ。

しかし、莫大な制裁金の存在だけが、GDPRに取り組む上での動機ではない。

残念ながら多くの日系企業（特に中小企業）においては、データ保護に努力を払ってこなかった。データ保護の基本とDPOの存在が、日本ではあまり知られていなかったということも背景として考えられる。今回初めて、GDPRに対応するためにデータ保護について学び、DPOを任命し、様々なルールを適用していかなくてはならない。そしてこの取り組みは、膨大な時間とリソースを消費することとなってしまう可能性がある。

しかしドイツ企業においては、GDPRを歓迎すべきものと見る向きもある。

顧客との一層の信頼関係を構築し、米国に拠点を置く企業に対する競争優位性として「透明性」と「プライバシー」を強みにブランド力を向上していくためのツールとして活用できると考えているからだ。

つまり、GDPRへの対応を、顧客とより強固な関係性を長期にわたって築いていくため

の「投資」と捉えている。

ちなみに、ドイツでデータ保護法の必要が叫ばれ始めたのは、ドイツ連邦内における国勢調査がきっかけだった。国民は反発し、法廷にまで持ち込まれることとなったためだ。

データ主体の権利の尊重

個人のプライバシーに関する権利を明確にし、個人データの活用と、プライバシーを脅かす脅威への対応をしていくことがGDPRの狙いだ。

そして、データ主体の権利については条文の第12条から第22条と多くを割り当てられている。それぞれの権利について見ていこう。

情報権（第13・14条）：

管理者に対し個人データを提供するにあたって、データ主体は必要な情報提供を受けることができる。

その際の情報提供は、正確で透明性をもち、理解し易く、情報へのアクセスが容易で、明確かつ簡単な表現をもって行われなければならないとされている。

また、16歳以下の場合は理解能力に応じて、アイコンを使用して示すなどの方法も考えられるが、まだスタンダードは決まっていない。

例えば、銀行が顧客（データ主体）から情報を直接取得せず、信用調査会社から取得する場合は、その旨をウェブサイトなどに記載しなくてはならない。

データ主体が問い合わせてきた際には1ヶ月以内に対処する義務があるが、重大な理由がある場合はその旨提示のもと最大2ヶ月の期限延長が可能である。期限内に対応しないことによって、データ主体から監督当局への苦情、制裁金や損害賠償の可能性もある。

連絡手段については特段の指定はないが、今後も動向を追いかけておく必要はある。

アクセス権（第15条）：

データ主体は、個人データの処理について問い合わせることができる。

訂正権（第16条）：

データ主体は、不正確な個人データに関する訂正を管理者に求めることができる。

削除権（忘れられる権利）（第17条）：

データ主体は、管理者に対して個人データを遅滞なく削除するよう求めることができる。

例えば、同意を撤回した場合や、個人データを処理する目的自体がなくなった場合などが該当する。

そして、該当する情報がどこにあろうが見つけ出し、削除する際にはアクセス禁止などの措置ではなく、技術的に確実な方法をもって行わなくてはならない。

また、該当する情報を共有しているサードパーティーにも削除要求を伝えなくてならない。

制限権（第18条）：

データ主体は管理者に対して、個人データの処理を制限（延期や中止）することができる。

データポータビリティの権利（第20条）：

データ主体は、個人データを電子的に構造化された共通フォーマットによって、管理者から入手して別の組織へ移転することができる。

そして、その個人データを別の管理者に移転する権利と、管理者から別の管理者に直接移転する権利がある。

ただし、技術的な互換性を義務付けているわけではない（前文68）。

FAANGなどのようなプラットフォーム事業者によって個人データが囲い込まれているが、新しいプラットフォームへ移行する際には多くの過去データを諦めなければならなかった。このような状況を改善し、個人データの利活用と保護を両立させようとするのが「データポータビリティの権利」である。

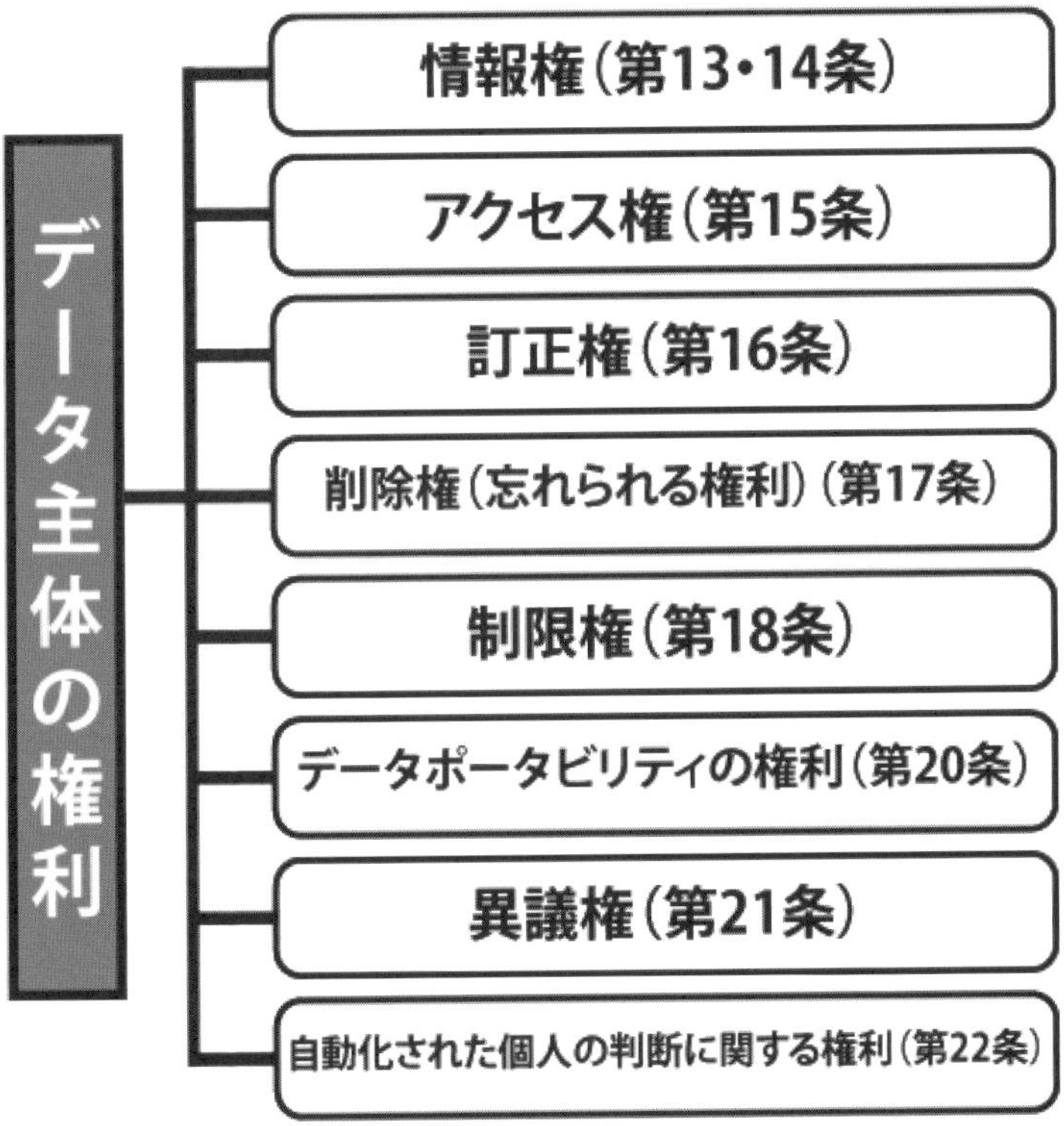
データ主体の権利
情報権（第13・14条）
アクセス権（第15条）
訂正権（第16条）
削除権（忘れられる権利）（第17条）
制限権（第18条）
データポータビリティの権利（第20条）
異議権（第21条）
自動化された個人の判断に関する権利（第22条）

ただし、データ主体の権利に基づく開示等の要求に対しては、原則として無償で1ヶ月以内に回答する必要がある。

異議権（第21条）：

データ主体は、個人データの処理に対して異議の申し立てをすることができる。

自動化された個人の判断に関する権利（第22条）：

データ主体は、自動化された意思決定に反対できる。

特に「削除権」と「データポータビリティの権利」がGDPRでは注目されている。

データ侵害に関する通知

個人データの侵害が発生した場合、可能なかぎり72時間以内に「監督当局」と対象データの「データ主体」に通知を行わなくてはならない（第33条）。

GDPRにおいて莫大な制裁金と共に、非常に負担が大きいのがこの条項だろう。

通知義務を怠った場合、1000万ユーロまたは全世界年間売上高の2パーセント相当のいずれか高いほうが制裁金として課される可能性もある。

このような条項は、GDPRが初めてではない。既に、英国やオランダでは導入されている。ここでの「侵害」とは、偶発的もしくは違法な破壊、滅失、漏洩、変更などを示す。つまり、サイバー攻撃による被害などだ。

サイバー攻撃の被害に遭った場合で考えてみよう。

まずは、個人データの漏洩があったのかどうかを確認。そして、そこにEEA所在者の個人データが含まれていたのかどうかをまずは把握しなくてはならない。

そして、実際にEEA所在者の個人データが侵害されたことが確認された場合には、可能なかぎり72時間以内に監督当局と対象データのデータ主体に対して通知を行う。

つまり、セキュリティ対策を強化し、あらためてその評価をすると共に、有事に備えてあらかじめ一連のプロセスをマニュアル化しておくなどの対応がなければ、迅速な対応は難しいだろう。

通知の際に提供しなくてはならない情報が、多くの企業にとってはまたハードルが高いのではないだろうか（第33条）。

DPOの氏名と連絡先の詳細、もしくはより多くの情報が入手できる連絡先は当然必須。詳細な侵害の説明や、侵害に遭ったデータ主体の種類および概数。そしてこれに関連する個人データの種類および概数。

侵害による影響と、とられた対策もしくはこれからとることを予定している対策。

これらの情報を最低限含めなくてはならない。

ただし、現実には通知の段階で全ての状況を把握しきれていないことも考えられるため、遅滞なく段階的に情報を提供してもよいとはされている。

また、暗号化などによって個人データを判読できないようにするなど、適切な技術的および組織的対策（TOM's）が管理者によって取られていたなど、個人の権利・自由に危険が生じない場合は、通知が不要となる場合もある（第34条）。

現実には、日系企業のEEA域内拠点ではIT専任の担当者が社内にいないことも多々あるため、GDPRの観点から技術的および組織的対策（TOM's）の実施が図られているか、最低限のチェックを行うべきだろう。

いずれにしてもセキュリティ対策ありきの話に他ならない。

十分性認定を受ける

域外移転は厳しく規制されている。
EEA域内もしくは欧州委員会が「安全」であると認定した国「以外」へのデータ移転に、GDPRは大きな影響を与える。
特に「顧客や見込み顧客の情報」、「社内の人事情報」、「取引先担当者の情報」などを世界各地の拠点で抱えている日系企業では大きな懸念点だろう。

それでは、欧州委員会から「安全」であると認定されたのは、どのような国なのだろうか。法の支配、司法的救済、独立したデータ保護機関の存在などを考慮し、欧州委員会が認定することを「十分性認定」と呼ぶ（第45条）。

そして2018年5月頭現在、十分性を認定を受けているのは次の国だ。

スイス（2000年7月認定）
カナダの民間部門のみ（2001年12月認定）
アルゼンチン（2003年6月認定）
ガーンジー島（2003年11月認定）

マン島　（２００４年４月認定）
ジャージー島　（２００８年５月認定）
フェロー諸島　（２０１０年３月認定）
アンドラ　（２０１０年10月認定）
イスラエル　（２０１１年１月認定）
ウルグアイ　（２０１２年８月認定）
ニュージーランド　（２０１２年12月認定）

既存の十分性認定については、最低４年ごとの見直しが図られている（第45条）。認定を受けている国の最新一覧は、欧州委員会のウェブサイトなどで確認することもできる。

また、米国は欧州との間でプライバシーシールドを締結しているため、これに準じている。この中で、いくつか島嶼部《とうしょぶ》が含まれているが、ガーンジー島・マン島・ジャージー島の３つは英国王室属領、フェロー諸島は、デンマークの自治領である。

そして、残念ながら本書執筆時点で日本はこのリストに含まれていない。

十分性認定を目指す日本

データ保護に関する要件が国ごとに異なるということは、データ移転に相応のコストと遅延を生じさせる可能性がある。

このことは日本においても政治的な問題だけでなく、ビジネス面でも影響を与える。

この問題はＥＵと日本政府の双方で認識されており、２０１７年７月には欧州委員会と日本政府によって個人データの国際移転に関する共同声明が発表された。

ＥＵと日本とが協力して２０１８年初頭にはお互いが「適切な」レベルの個人データ保護を有すると認めることを目標としている。

その後、個人情報保護委員会は２０１８年前半に十分性認定を取得できる見込みである旨公表している。

このような十分性認定が達成されれば、国境を越えたデータ移転に伴う負担が大幅に削減される。

もし十分性認定がなければ、ある国から別の国へと横断する全ての契約において、追加のデータ保護条項を組み込む必要があるからだ。そして、重複した内容のコンプライアンス遵守や検査などの要件が生じてしまう可能性もある。

欧州企業から個人データを処理するための契約を獲得しようとしている日本企業にとっては、困難な状況である。

ウェブサービスなども当然含まれる。


2017年に施行された日本の改正個人情報保護法ではGDPRに近づけ、相互での承認を大きく助長し、EUと日本とがデータ保護における「ホワイトリスト（ブラックリストの反語として）」となることが期待されている。

実際のところは、世界で最も厳しいデータ保護規制のひとつであるドイツのデータ保護法と、日本のそれとは似ていると言われている。

しかしながら罰則規定は低い。そのため企業側が遵守する動機も弱いという実情が、認定を受けられない要因のひとつではないかとも言われている。

なお、個人情報保護委員会は、2018年4月25日付で、十分性認定に基づきEUから日本に移転した個人データの取り扱いに係るガイドライン（案）を公表しており、当該ガイドライン案によれば、2018年の前半を目途に、日欧間において相互に十分性認定を行う方向で調整が進んでいるとのことであり、近い将来に日欧間において十分性認定がなされると見込まれている。

また、シンガポール・オーストラリア・韓国などでも十分性認定を目指して、法規制の改正などが行われている。

適切な安全管理措置

十分性認定がない場合は、適切な安全管理措置が取られなければならない（第46条）。具体的には、「SDPC（Standard Data Protection Clauses：標準契約条項）」あるいは「BCR（Binding Corporate Rules：拘束的企業準則）」といった解決策を講じる必要がある。

SDPCは、前身のデータ保護指令下ではStandard Model Clausesあるいは Standard Contractual Clauses（SCC）とも呼ばれ、GDPRの解説では従来の呼び方で表現されている場合もある。

SDPCは、EEA内のデータ提供元とEEA外のデータ提供先との間で、データ保護に関する契約を締結する方法である。

欧州委員会が決定したデータ移転契約の雛形は欧州委員会のウェブサイトでも公開されて

いるため、後述するＢＣＲと比較して対応が容易である。
個別契約を交わした企業間にのみ適用されるため、管理者間の契約雛形が２種類、管理者と処理者の間の契約雛形が１種類の合計３種類の雛形が用意されている
(Model Contracts for the transfer of personal data to third countries
http://ec.europa.eu/justice/data-protection/international-transfers/transfer/index_en.htm)。
中小企業にとっても現実的な解決策として取り組みやすく、既にＧＤＰＲ対応を行なっている日本企業の多くでも活用されている。

この書面では、「移転の目的」と「対象となる個人データ」について明記する必要がある。そのため、追加や変更が生じた場合は見直しが必要だ。

場合によっては、大企業にとっては管理上の重い負担となる可能性もある。

つまり、作成したら保管しておけば良いという類のものではないのだ。

同時に、その契約義務を両者が履行できる体制を整えなくてはならない。

ＥＥＡ外のデータ提供先であっても、適切な安全管理措置が取られていなければ制裁金を課される可能性もある。

SDPC締結の必要性

過去の文章が引用されて長くなっていくメール。

よくあることではないだろうか？

引用されている中にはこれまでのディスカッション内容が記載されている。

場合によっては顧客に関するやり取りと、それに関する個人データも含まれているかもしれない。

例えば、これまでＥＥＡ域内拠点の従業員同士がディスカッションをしていた途中から、ＥＥＡ域外拠点の従業員をメールにｃｃで追加することになったら。

イメージし易くするために、ドイツ事業所の従業員同士によるメールでのやり取りに、途中から日本本社の従業員がｃｃで追加される場面を考えてみよう。

新しく追加されたＥＥＡ域外拠点（日本）の従業員は、引用されている過去の文章から個人データの含まれたこれまでのやり取りを見ることができる。

そして、ＥＥＡ域内拠点（ドイツ）の従業員も、情報を共有するために行ったわけだから当然のことである。

しかし、もし両社の間でSDPC（標準契約条項）が締結されていなければ、GDPRに違反する可能性がある。

このことは、EEA域外の拠点がグループ内外いずれであるかは問わない。

そしてSDPC締結では、「移転の目的」と「対象となる個人データ」について網羅的にカバーすることになる。

ここでデータマッピングの出番だ。

それぞれの企業で行っている業務も個人データの流れも様々である。そのため、もしSDPC締結に際して1からデータマッピングを実施していくと、それだけで数ヶ月を要するということは往々にしてある。

やはりここでも、まず取り組んでおくべきことはデータマッピングというわけだ。

SDPC締結に伴うデータマッピングの手順について、一例を紹介しておこう。

まずはデータ移転に関する質問票を作成し送付をするわけだが、ここでひとつ重要なポイントがある。

質問票に回答してもらう上で、EEA域内外の拠点とともに関係者への説明と周知が必要となる。

そして回答された質問票を分析。その際には、前述した「ＣＭＤＢ（Configuration Management Database：構成管理データベース）」を活用しても良いだろう。

さらに、ＥＥＡ域内の各部署担当者にインタビューを実施することで、ビジネスプロセス上での個人データの流れや、潜在的なリスクの存在が明るみになることも多い。

グループ企業を紐づけるＢＣＲ

グローバル企業や国境を越えてのサプライチェーンを構築している企業。このような場合には、ＢＣＲ（Binding Corporate Rules：拘束的企業準則）の承認取得が効果的だと考えられる。


共通のルールによって全グループ企業を紐づける（Binding）ことができるため、ＥＥＡ域外にある複数のグループ企業に対して個人データの移転が可能となる。

逆に、グループ外の企業との個人データの移転には適用できない。

２０１８年5月現在において、ＥＥＡ域内のうち21カ国（アイスランド、アイルランド、イタリア、英国、エストニア、オーストリア、オランダ、キプロス、スペイン、スロバキア、スロベニア、チェコ、ドイツ、ノルウェー、フランス、ブルガリア、ベルギー、マルタ、ラトビア、リヒテンシュタイン、ルクセンブルク）が、ＢＣＲの相互認証手続きに加盟している。

これら21カ国のいずれかにおいて承認を受けた企業グループ内では、これら21カ国からＥＥＡ域外への個人データの移転を適法に行うことができることになる。

この21カ国を除くＥＥＡ域内から、ＥＥＡ域外に個人データの移転をＢＣＲによって行う場合は、移転元の国の監督当局から個別にＢＣＲの審査を受け承認を得る必要がある。

また、ＢＣＲの承認取得をすることで、監督当局からの執行リスクを抑えることができると考えられている。

その根拠としては第29条作業部会（ＧＤＰＲ下では欧州データ保護会議＝ＥＤＰＢ＝に改組）において、ＢＣＲの承認取得はデータ主体に対してプライバシー保護を高いレベルで約束しているものと考えられると示しているからだ。そして、欧州委員会のウェブサイトにおいて、ＢＣＲの承認取得した事業者は開示されている。

長期的にはコストを抑えられる可能性も

ＢＣＲはＳＤＰＣと比べて取得後の自由度も高く、第29条作業部会の見解からも法的な確実性は高い。

しかし、雛形がないため手続きが難しい。また、ＳＤＰＣと比べてより詳細な情報管理に関する記載も必要であり、外部専門家の助けを借りている企業も多い。

さらに、監督当局からの承認も必要である。

実際、申請準備から監督当局の承認を得られるまで、概ね1年半から2年を要しているという実態がある。

すなわち、取得までのコストも高くなるということでもある。

そのため、承認を取得するための難易度とコストは、ＳＤＰＣに比べると高い。

しかし、長期的にはコストを抑えられることになる可能性もある。ＳＤＰＣの場合、「移転の目的」と「対象となる個人データ」に関して、追加や変更が頻繁に生じる度に見直しが必要となるからだ。

これらのことからも、取得までの難易度は高いもののグローバル企業にとっては有利なため、GDPR施行前には、大手企業からの申請が殺到した。

本著執筆の2018年5月現在、欧州委員会のウェブサイトにおいて、BCRを承認取得した事業者として開示されている企業102社のうち、フランスでの承認取得をした30社が国別では最も多い。

承認取得した企業の名前を見てみると、エアバス（航空宇宙）、LVMH（ファッション）、ミシュラン（タイヤ）など世界的にも知名度の高いフランス企業が名を連ねている。

続いて多いのが英国の24社。もちろん英系企業も多いが、アメリカンエクスプレス（金融）、シティグループ（金融）、ハイアット（ホテル）など米系企業も多く見受けられる。

ドイツでも2018年5月現在、BMW（自動車）、シーメンス（複合企業）、ドイツテレコム（通信）などの大手9社しか承認取得はできていない。

一般に聞き慣れない企業としては、ユーロ紙幣を印刷して欧州中央銀行に供給しているギーゼッケ&デブリエントも含まれている。ジンバブエ・ドルの印刷も請け負っていた企業だ。

日系企業としては、楽天株式会社がルクセンブルクで承認取得をしているが、まだまだ数は少ない。

第4章

GDPRへの対応（評価・対策・運用）

GDPRに対応する意味

「多くの企業が間違いを犯すのは、GDPRがサイバーセキュリティの話であると考えてしまうことだ」

英国国家犯罪対策庁で国家サイバー犯罪局長と機密情報局長を歴任してきたDr. Jamie Saundersは、開口一番このように述べた。

GDPRでは、企業におけるEEA在住者に関する個人データが適切に保護されるようにするための要件（処理、共有、削除など）が定められている。個人データが保護されることで同時に、機密性の高い知的財産の保護や、重大なオンラインサービスへの混乱を防ぐための対策へと発展し、より良いサイバーセキュリティが実現するというわけだ。

GDPRについて考える時、ビジネスとコストに集中するということは簡単である。しかし、最初になぜこのような規制が導入されたのかという背景を再確認することが重要だ。

個人データの用途を、データ主体がコントロールできるようにし、より一層の責任のもとで個人データが処理されるようになる。

GDPRとは?

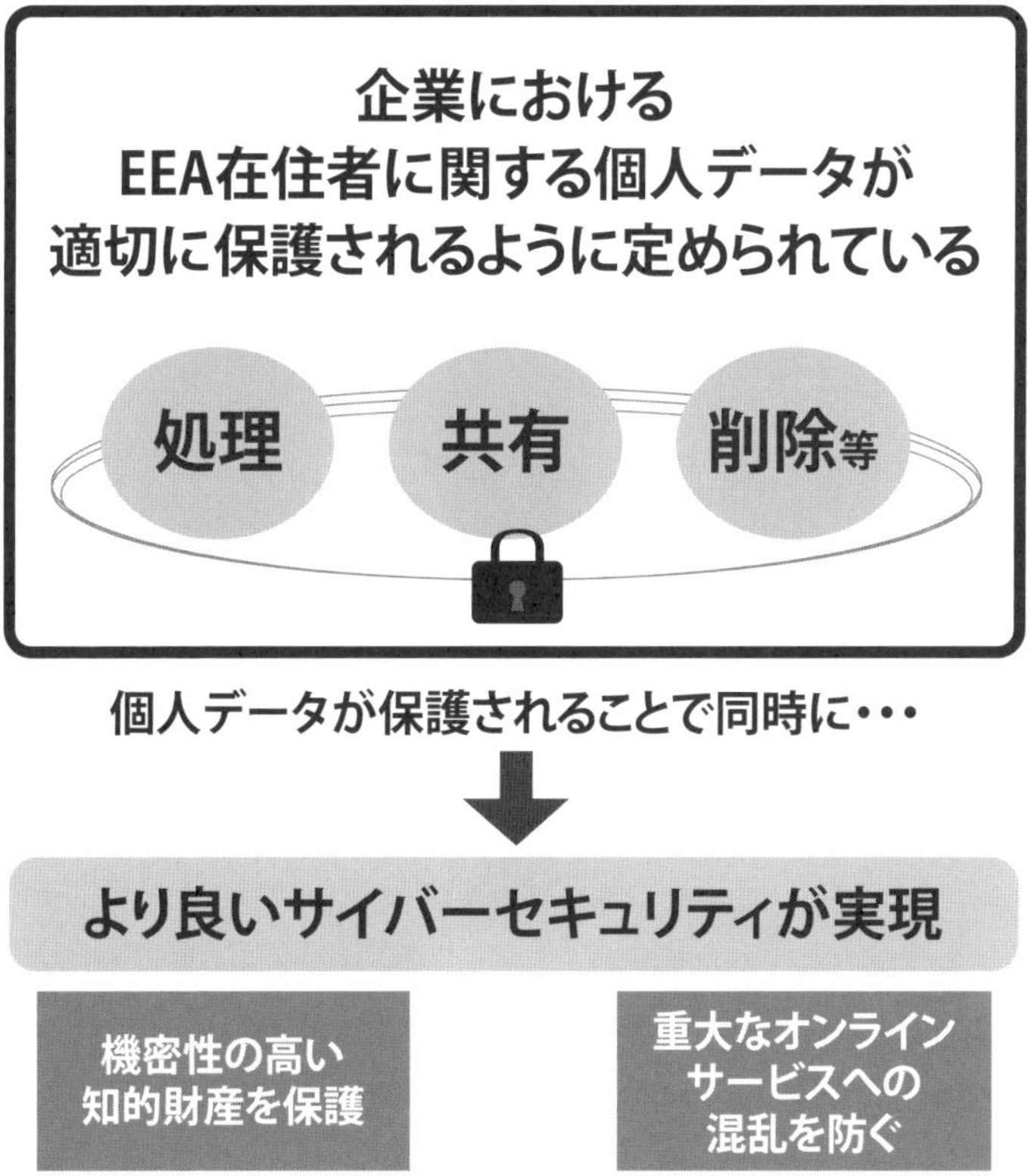
企業における
EEA在住者に関する個人データが
適切に保護されるように定められている
処理
共有
削除等
個人データが保護されることで同時に・・・
より良いサイバーセキュリティが実現
機密性の高い
知的財産を保護
重大なオンライン
サービスへの
混乱を防ぐ

企業に提供するデータや、オンラインでの活動の結果として収集されるデータが、どのようなことに用いられているのかということに関心が高まる中で、非常に重要なことである。

したがって、GDPRは製品とサービスにおける将来の成長を支えていくための積極的な機会であるとみなされるべきである。

企業がコンプライアンス遵守を容易に説明できる機会にもなる。

昨今、日本で注目されている「健康経営」や「働き方改革」を一例として考えてみよう。これらの取り組みはより良い労働環境を提供する。そして同時に、従業員の個人データを取り扱う機会も増やすこととなる。

実際、健康経営や働き方改革を推進するためのスマートフォンアプリやウェブサービスなども登場している。

ここでは、人事評価や健康に関するデータ、家族に関するデータなどが取り扱われるわけだ。

そして、ここに商機を見出した新たな事業者も参入してくるだろう。

現時点であれば、GDPR違反への懸念から日本国内の従業員のみに、使用を限定する企業も出てくることが考えられる。

しかし、日本でもGDPRの十分性認定取得を目指しており、遅かれ早かれ個人情報保護法もＧＤＰＲと同等、場合によってはそれ以上の厳しい規則を伴うものとなるかもしれない。

健診データなどのセンシティブデータは、これまでもＨＬ７（Health Level7）というグローバルでの標準規格によって管理されてきた。厚生労働省でも後押ししている。

もともとは患者管理やケア、検査等のデータの標準化と情報交換が目的だったが、健診データ等についても標準が定められてきたのだ。

しかし、ＨＬ７の規定ではＩＴ領域での健診データ取り扱いに特化している。より広範な領域に及んで規定しているＧＤＰＲを遵守するためには、追加の対応が必要となることが考えられる。

健康経営を適切に実行するためにも、データ保護について注意を払わなくてはならない。

ＧＤＰＲへの対応により、多くの場面でアドバンテージを持つことができる。

〈1.評価〉棚卸し

ＧＤＰＲへの対応を実現するまでには、企業規模や業務内容によって数ヶ月を要する場合もある。

現状ではEEA在住者の個人データを処理する機会がなかったり、その事実を認識できていなかったとしよう。

しかし、いざGDPRが必要になっても、すぐに遵守できるというものではない。処理行為の一覧への記録や、SDPCの締結、BCRの申請などを行おうにも、GDPRに対応した技術的および組織的対応（TOM'S）が必要となる。

GDPRとは、条文を理解しているだけで乗り切れるものではないのだ。

そして、これまでGDPRを遵守することによって、副次的に得られるメリットについても述べてきた。

つまり、GDPRへの対応は「早すぎて損はない」ということだ。

それでは、GDPRへの対応に、どのように取り組んでいけばよいのだろうか？

ステップは大きく分けて3つ。


「評価」

「対策」

「運用」

取り組むべきことは、この3つだ。

まずは「評価」から見ていこう。

評価すなわち社内にある個人データを特定する。そして、取り扱いや対象となる法令の整理など現状調査を行い、個人データの棚卸しを行う。つまり「データマッピング」のことだ。その上で、GDPRへの対応との「ギャップ調査」を行い、対応すべき事項の優先順位を決めていく。

多くの場合、主に人事部門や営業部門などでの個人データの管理者と処理者、IT部門の担当者へのインタビューをまずは実施。そして、全社的なアンケートを行うことが多い。

データ主体の権利や自由へ及ぼすリスクが高いと思われる場合は、その影響評価を実施する義務があるためだ（第35条）。

DPO（組織に存在すれば）と共に管理者は分析し、リスクのカテゴリー化を行う。リスクは、その可能性や重さによって分類し、実務に合わせて低・中・高と分類して対策を考えていくと進め易いだろう。

例えば、公共ネットワークを使って配達先等について業者とやり取りをすることが多い場合。

個人データが何らかの形で第三者に漏れる可能性は、社内で人事関連のデータしか扱わない場合よりはリスクが高いと言える。

このような形でリスクを評価。

そして、これらの行為については「処理行為の一覧」へも記録しなくてはならない（第30条）。

現状、多くの社員によって未承認のクラウドストレージやクラウドアプリが使用されてしまっている。また、社内に持ち込まれた未承認のスマートフォンやデバイス、無断でインストールされてしまっているアプリケーションなどもある。

企業はどこに個人データが保管されており、そのアクセス権は誰が持っているのかを正確に知る必要がある。この評価によって、近年問題となっているシャドーＩＴを可視化できるといった効果も期待できる。

〈1．評価〉どこから手を付ければよいのか

データマッピングによって浮き彫りとなる個人データ取り扱いの実態。


逆に、この実態が漠然としか分かっていなければ、ＧＤＰＲ対応どころかセキュリティ対策にもどこから手を付ければよいのか分からないだろう。

そこには、どのような個人データが何件あり、ＧＤＰＲの対象となるのはどれなのか。

そして、その個人データを、どのような方法で特定しているのか提示できなくてはならない。

そして、その個人データはどこに保管され、誰がアクセスできるのか。

データ主体から消去の依頼があった時に、対応することはできるのだろうか。

また、適切なデータ保護と管理がなされていることを証明できなくてはならない。

データ主体から、処理目的への同意を得ていることも必要だ。

さらに、処理された個人データは誰に提供されるのか。

もしくは請負処理者に委託している場合、それが誰なのか。

その上で、万が一データ侵害が発生した場合には、どのような事態が起こり得るのか想定できているのか。

個々の個人データに及ぼすリスクを把握できているのか。

そして、これら一連の動作は「処理行為の一覧」に記録されているのか。

これらの評価を行うことができたら、次はGDPRへの対応との「ギャップ調査」だ。その上で、対応すべき事項の優先順位を決めていく。

対応できていないものと、それへの解決方法とに分類すると、その後の効率がよくなる。

このリストが非常に長い場合は、リスクに応じた優先順位を付けることが望ましい。

この時に多く発見されるのが、ビジネスの拡大と共にサーバも増え続け、個人データが断片化したり複数箇所で重複したりしているという状況。さらに最近ではクラウドストレージなどにも個人データが保管されるようになってきている。

クラウド系のサービスの場合、ＡＰＩを介してさらに外部のサービスと連携させていることなどもある。悪意を持った者から見れば、ハッキングするためのエントリーポイントも増えているというわけだ。

とにかくまずはデータマッピングによって現状を把握すること。

そして、ギャップ調査によってＧＤＰＲを遵守できているか、それとも何かが足りないのかを理解すること。

その上で、順位付けを行い具体的な対策に取り組んでいく必要がある。

責任と意思決定は常に経営層にあるが、ＤＰＯは問題の解決方法をアドバイスし、推奨する必要がある。

〈2. 対策〉責任度合いを決めるもの

評価ができたら、まずは「方針」を定めて対策に取りかかると進めやすい。


無計画にセキュリティ対策を行っても、日々の業務の妨げになるだけだ。

対策が意図するところは、規定の要件を満たし、データ主体の権利を保護すること。

そして管理者は、「個人データ処理の原則を遵守する義務」を負っている。さらに、遵守を証明できなくてはならない（第25条）。

この前提を踏まえた方針を、対策に展開していく。

また、ギャップ調査によって把握できた課題を、技術的対策または組織的対策に分類すると、その後の適切な対策がより明確になってくる。

この適切な技術的および組織的対応（TOM's）は、監督当局が制裁金を課すか否かの決定および制裁金額を決定する上で考慮される事項のひとつである（第25条）。

管理者もしくは処理者（請負処理者を含む）への責任度合いを決めるもの。それは、「適切」な技術的および組織的対応の有無というわけだ。

それでは、この「適切」とは、何をもっての「適切」なのだろうか？

偶発的もしくは違法な破壊、滅失、漏洩、変更などによるリスクを考慮されている状態が「適切」となる。

つまり、サイバー攻撃による被害などが考慮されていなければならない。

そして、「設計段階および初期状態からのデータ保護（Data protection by design and by default）」に基づいた、技術的および組織的対応が講じられていることが求められている。

条文の表記そのままに、「プライバシー・バイ・デザイン」もしくは「プライバシー・バイ・デフォルト」として紹介されることもある。

早い段階でのセキュリティ対策と、そのための意識が求められているというわけだ。

〈2．対策〉設計段階からのセキュリティ

付加的な情報を用いなければ、データ主体に結びつかない個人データの処理を「仮名化」という（第4条第5項）。

例えば、オンラインショップがあるとしよう。そこには「注文者リスト」と「顧客リスト」のふたつのリストがあるとする。

注文者リストに商品名と一緒に顧客の個人データを記載した場合、万が一、注文者リストでのデータ侵害が発生すると、同時に顧客の個人データもデータ侵害に遭ってしまう。

それでは、プライバシー・バイ・デザインとして、どのような対応が考えられるか？

「仮名化」によって、注文者リストでは顧客ごとに割り当てた顧客番号（カスタマーＩＤともいう）で管理する。

そして、より多くの個人データを含んでいる顧客リストは、一層セキュリティレベルの高いサーバに分離保管する。

これによって万が一、注文者リストがデータ侵害に遭っても、悪意ある者には顧客に割り当てられたカスタマーＩＤしか見ることができない。

このような対応は設計段階からでないと取り組めないため、プライバシー・バイ・デザインをイメージするための一例として考えてもらいたい。

また、具体的な方法としては、個人データへのアクセスをパスワードなどにより制限する。これには個人データにアクセスできる部屋への入室を制限するといった物理的な対策も含まれる。また、個人データの仮名化の他に、匿名化や暗号化通信を行うといったことも考えられるだろう。

しかし、プライバシーやセキュリティについて検討や実装する場面は、実際には、システムや製品が作られてから行われる傾向にあるのが実情だ。

ところが、ひとつ大変興味深い調査結果があるので紹介したい。

既に運用しているシステムにセキュリティ対策を施すことは、設計段階からセキュリティ対策を視野に入れて取り組んだ場合と比べて、セキュリティ対策に100倍もコストがかかってしまうのだ。

セキュリティ専門家によって組織されている非営利団体OWASPの調査では、このように述べられている。

つまり、後付けでセキュリティ対策するよりも、最初からセキュリティについて考えて設計していたほうがよい。GDPRも遵守できるし、コストも大幅に削減できるというわけだ。

〈2．対策〉ガイドラインの活用

Brexit（英国のEU離脱）後も想定し、GDPRから一段踏み込んだ取り組みを行う英国の個人情報保護機関ICO（Information Commissioner's Office）のガイドラインは、GDPRへの対応と施行後の業務負荷削減を考える上で参考となる。

ここでは、「Preparing for the General Data Protection Regulation（GDPR）－12 steps to take now」と題されたガイドラインを基に、技術的対応について考えていこう。

まず、ガイドラインに記載されている12ステップは次の通りだ。

1. 認識（Awareness）
2. 保持している情報（Information you hold）
3. プライバシー情報の通知（Communicating privacy information）
4. 個人の権利（Individuals' rights）
5. アクセス権（Subject access requests）
6. 個人データ処理の法的根拠（Lawful basis for processing personal data）
7. 同意（Consent）
8. 16歳以下のデータ主体からの個人情報取得について（Children）
9. データ侵害（Data breaches）
10. 設計段階からのデータ保護とデータ保護影響評価（Data Protection by Design and Data Protection Impact Assessments）
11. データ保護責任者（Data Protection Officers）
12. 域外移転（International）

この中で、技術的対応について考える上で着目すべき項目は、次の４つ。

2．保持している情報（Information you hold）

4．個人の権利（Individuals' rights）

9．データ侵害（Data breaches）

10．設計段階からのデータ保護とデータ保護影響評価（Data Protection by Design and Data Protection Impact Assessments）

ここからひとつずつ見ていくこととしよう。

〈2．対策〉保持している情報

情報化社会の進展に伴い、多くのデータ、そして個人データも企業に蓄積されてきた。

ところが、多くの企業においては、個人データの処理やその移転について把握できていない。

さらには、そのデータが誰のものかを示し、誰がそのデータにアクセスできるのかといったことを正確には把握できていないこともある。

だからGDPRに違反しているのかどうかさえも分からない。

また、IT事業部門ではドキュメント化することの重要性について日頃から認識している。しかし、必ずしも全ての部署がそのようには考えない。むしろ余分なコストだと考えられている場合もある。

前述したデータマッピングの最初のハードルはここにある。


そこで実施する上でのポイントをふたつ。

個人データが保存される「期間」と「法的根拠」だ。


これまで、多くの企業が長期にわたり名刺、顧客の住所、メール、その他の個人データを収集してきた。そして、それらを削除するということは基本的にはなかった。

そこで、GDPR対応でまず必要なこと。

それは、個人データの「保持と消去」についてのルールを決めること。

保持する個人データは、取り扱われる目的の必要性に照らして、適切であり、関連性があり、必要最小限にする必要がある（第5条(c)）。

データ最小化（Data Minimization）の原則によれば、不要なデータは削除する必要があるのだ。

つまり、個人データの保持可能な期間や、削除が必要な時期を取り決める。そして、データごとに把握しておかなくてはならない。

実際の行動に移すと、ＩＴ事業部門のスタッフがドキュメントの作成を実施する場合が多い。

一部の企業では、ハードウェア、ソフトウェアや外部パートナーとの契約書などを調べ上げ、前述したＣＭＤＢ（Configuration Management Data Base）に効果的にまとめている企業もある。

ところがここでひとつ企業が犯す過ち。

ＧＤＰＲがコンピュータのデータに関する規則だと思い込んでしまうことだ。

しかし、もう一度思い出してもらいたい。

これは、個人データに関する規則である。

そこには当然、紙で保存されているものも含まれる。各種の書類や、名刺、プリントアウトされた資料なども、データマッピングで洗い出さなくてはならない。

〈2. 対策〉個人の権利

GDPRは、個人（自然人）の権利を保護するために作られたものだ。


そのため、EEA在住者の全てがいつでも管理者に連絡でき、どの個人データが格納されているのか？　どのように処理されているのか？　といったことを尋ねることができる。

また、管理者に個人データの削除または修正を依頼することもできる（第17条）。

そのため、企業は個人データを確実に消去するための仕組みと技術的対策を施す必要がある。

そして、データ最小化の原則によって、同意を得ていない個人データについても正当な理由がなければ削除しなくてはならない。

同意を得る場合は、ウェブページからの場合もあるだろうし、紙の書式の場合もある。

紙の場合は、後々に削除や修正などの要求があった際に検索できるよう、スキャンして保存しておくといった対策を行うことも多い。

そして、これらの権利は既に、1990年にはドイツのデータ保護法（BDSG第20・35条）で定義されていた。

しかし、グーグルやフェイスブックなどのドイツから見た際の外国企業は、自身をドイツまたは欧州の法律に拘束されていないと主張している。

2013年に元NSA（アメリカ国家安全保障局）局員による情報収集の暴露を発端として、EU司法裁判所にセーフハーバー協定の有効性の検証が可能かがオーストリア人男性によって求められたことを前述した。

このオーストリア人男性の名は、マックス・シュレムス弁護士。フェイスブックを出廷させ勝訴することができ、データ保護の著名な弁護士として知られるようになった。

GDPRによって個人はより多くの権利を得ることができるが、現状では多くの弁護に権利を行使するための法的専門知識や資金が十分ではない。

そこで、マックス・シュレムス弁護士は個人が権利を行使するための支援を行う団体（NOYB）を設立した。この団体の目的は、権利行使のためのプラットフォームを欧州に作り、影響力を最大化すると共にコスト削減を目指している。

〈2．対策〉データ侵害

ＧＤＰＲでよく知られていることのひとつが、データ侵害発生時の72時間での通知義務だ。しかし、データ侵害が発生した際に検知できる仕組みがなければ、まずその事実に気付くこともままならない。

つまり、データ侵害を未然に防ぐこと。万が一の際には、迅速に気付き、状況判断の助けとなること。そして、被害の拡大を防ぐこと。これらのための技術的対策が必要となる。

個人データが保管、転送、処理などされる際の偶発的または違法もしくは不正なアクセスを考慮しなくてはならない（第32条）。

具体的には、ハッキング行為の検知、あるいはハッキングを試みる段階から検知する仕組みがまずは必要だろう。

サーバに保管されている個人データに対してであれば、侵入検知システム（ＩＰＳ・アイピーエス）やウェブ・アプリケーション・ファイアウォール（ＷＡＦ・ワフ）などと呼ばれる製品が有効だ。

これらの製品を24時間体制で監視するチームも必要であり、ハッキング行為を検知した場合には対処も行う。ＳＯＣ（ソック・Security Operation Center）としてアウトソーシングするサービスや、クラウド型で一連の動作を自動化しているサービスなどもある。

極端に安価なものになると、ハッキングを検知した際にアクセス全体を遮断してしまうものもあるため、ウェブからの売り上げなどに機会損失が想定される場合などには注意が必要だ。また、最近はプライバシー保護のための暗号化通信に、ハッキングも暗号化で隠蔽されてしまうということが増えている。暗号化で隠蔽された攻撃でも検知できる製品やサービスが望ましい。中には、攻撃を検知させるために暗号レベルを弱く設定しなければならない製品もあるため、注意が必要だ。

また、ファイアウォールで許可されていないアクセスを制限することも重要だ。ただし、ファイアウォールだけで今のハッキングの全てを防ぐことはできない。

このようにいくつかのセキュリティ製品で複数の壁を築くことを「多層防御」と呼ぶ。

そして、正規の利用者であっても、個人データにアクセスできる権限を制御することは、データ侵害が発生した場合に対処し易くなるため有効だ。

役割とグループを割り当てることによって、各従業員は各々の職務範囲または責任範囲内の個人データのみにアクセスできるようになる。併せて、盗まれたログイン情報や内部犯行によって、不正に個人データへアクセスされるリスクを下げることもできる（第32条）。

個人データを転送する際にも、データ侵害のリスクは存在する。

そのため、セキュアデータ連携製品を活用すると、通信を暗号化したり、万が一の際には通信履歴を確認できたりもする。

暗号化について明確に言及はされていないものの、データ侵害が発生した場合であっても、該当の個人データが暗号化や仮名化などの技術的対策がなされていればデータ主体への通知に関しては要求されない（第34条）。

しかし、セキュリティとプライバシーを実現するためには暗号化を用いることに価値があるので、取り入れたほうが望ましい。

実際、クレジットカード情報を扱う際のＰＣＩデータ・セキュリティ・スタンダード（ＰＣＩＤＳＳ）に準拠した処理を行う際には、様々な箇所において「暗号化」することを求められている。

なお、仮名化する場合は、その変更・追加・削除対応の処理を行った者の名前、実施した日時、対応の内容について書面で保管する必要がある。もちろん、紙ではなくデータとしての保管でも問題ない。

もちろんここで取り上げたものは一例だ。主にサーバに保管されている個人データへのハッキング行為に対していくつかあげてみた。

モバイル環境を利用しているのであれば、それに合わせた対策も必要となる。

そして業務の変化や技術の進歩によって、技術的対策はこの限りではない。

しかしながら、技術的対策はGDPR対応におけるひとつの重要なポイントであり、そのための術《すべ》があるということをまずは知っていただきたい。

〈2．対策〉設計段階からのデータ保護とデータ保護影響評価

設計段階からデータ保護について考えていくことは、GDPRにおける重要なポイントだ。

まずは、その個人データが本当に必要とされているのか？　どのように処理されているのか？　どこで入手し、どこに移転されているのか？　どこに潜在的なリスクがあるのかといったことを考える必要がある。これは前述したデータマッピングで明らかになったことを参考にすればよい。

そして、人権へのリスクが大きい一定の処理行為を行う場合、データ保護影響評価（DP

IA、Data Protection Impact Assessment）を実施することによって、データ主体にとって物理的、財政的、心理的などの被害はどれほど大きいのか？　企業への財政的損害や評判の低下などの被害はどれほど大きいのか？　どのように最悪のシナリオから回復するのか？といったことを洗い出していく（第35条）。

DPIAを実施すると、インフラとセキュリティの復元力を試すことにも繋がることが多い。ハッキングからデータ保護をするために、可能な限りの努力をしているということを証明するために、定期的な侵入をしている場合もある。

また、短時間に多数のデータベース要求を行うなど不審な行動が検知された場合には、サーバへのアクセスを制限するような仕組みを設けることも実際に効果があった。誤検知によって正規の利用者が短時間利用できなくなったものの、個人データが侵害されることを自体を防ぐことができた事例もある。

具体的に実装され、効果のあったものの事例をふたつ紹介しよう。

ひとつは、利用者が誤ったパスワードを続けて3回入力すると、システム管理者に通知がいき、再度入力できるまでに10分待たなければならない。もし、再び3回誤って入力するとアカウントがロックされ、システム管理者に身分証明書を提示し、対面でロック解除の申請を行わなくてはならない仕組み。

オンライン・ショッピングサイトには
大きく分けてふたつの種類の情報が存在

情報

公開コンテンツ

商品名、説明、価格、写真

非公開コンテンツ

氏名、住所、電話番号
メールアドレスなどの
顧客の個人データ

もうひとつは、オンライン・ショッピングサイトでの事例。

オンライン・ショッピングサイトは通常24時間稼働しており、常にあらゆる種類のハッキング行為もしくはそれを試みる行為に晒されている。この中には自動化されたものも含まれる。そのため、もちろんシステム管理者は定期的にセキュリティパッチを適用するなど、定期的な更新が必要ではある。

このオンライン・ショッピングサイトには大きく分けてふたつの種類の情報が存在しているはずだ。

ひとつは、商品名、説明、価格、写真などの「公開コンテンツ」。

そしてもうひとつは、氏名、住所、電話番号、メールアドレスなどの顧客の個人データを含む「非公開コンテンツ」。

設計段階からデータ保護を行う場合は、同じデータベースに公開コンテンツと非公開コンテンツを同居させず、別々に保管されるように設計されているようにする。そして、非公開コンテンツの保管されたデータベースには、より高いセキュリティ対策を講じる。

まさしく前述した「仮名化」によって、注文者リストでは顧客ごとに割り当てた顧客番号（カスタマーIDともいう）で管理することによって、リスクを大幅に減少させることができる。

そして重要なポイントは、データ侵害などの問題が発生した際に、対策がなかったこと自体が最高額の制裁金へと繋がってくることである。

〈2. 対策〉社内説明会の実施

ビジネス成功の要因は「人」にあるが、ビジネス失敗の原因も「人」にある。

そしてデータ侵害は、しばしば人的要因によって引き起こされる。

各種統計データごとに数字の振れ幅はあるものの、どのような統計を見てもデータ侵害の概ね8割程度は人的要因だ。

ただし、人的要因がほとんどだからセキュリティ対策は不要という話ではない。

セキュリティ対策をしていても、それを取り扱う「人」に問題があれば、そこから全てが崩れる。

例えば、データを暗号化して安全に保管していても、そのパスワードが短かったり単純だったり、机に付箋で貼ってあるようでは意味がない。

したがって、技術的対応をどのように企業内へ浸透させるのか。グローバル展開している企業であれば、どのように各国へ展開するのか。そして、十分なセキュリティ意識と訓練を受けることができるかといったことが重要なポイントとなる。

企業内への展開方法として一般的に多く行われている方法は、社内説明会の実施だ。ただし、部署ごとに対応が異なる場合もあるため、全社的に実施するのか部署ごとに実施するのかは企業ごとに異なる。場合によっては、本社側の意向と部署ごとの実情とが合わないこともある。そのため、細かい調整をしながら展開を進めていくこともある。そのような場合でも、本社側では担当部署に投げっ放しとなることなく、責任を持ってフォローを行わなくてはならない。

そして、このような説明会は最低でも年に一回は必ず実施すべきである。むしろ、ＩＴの世界の移り変わりは早いので年に2回以上、定期的にデータ保護の説明会として実施できるほうが望ましい。

このような説明会はＤＰＯが中心となって行い、サイバーセキュリティの現況や関連する法律、技術の動向などについても触れるべきだ。

説明会の終了時には他の安全講習などと同様に、参加者全員の氏名が記載された参加者リストにひとりずつが署名し、そのリストは保管しておく。

説明会の参加者には、従業員のためのデータ保護マニュアル、技術的および組織的対応に関する指示書、パスワードに関する指針、データ削除や制限などを行う際の基準などを記したドキュメントを配布できるとよいだろう。

しかし、説明会だけで企業内からの全ての疑問に答えることはできない。質問を受け付ける窓口を設け、質疑をまとめた社内向けの情報共有サイトなどを設けるといったこともひとつの方法だろう。

さらに、DPOが社内を回って「抜き打ち」の検査を実施することもある。特段の理由がなくてもできるのだ。

例えば、パスワードを付箋でディスプレイに貼り付けているのを見つけて注意するといったことも行う。

また、クリーン・デスク・ポリシーを徹底するために、社員が帰宅した後の無人のオフィスで重要書類が机に出したままになっていないのかを見て回るといったことを行っている企業もある。

〈3．運用〉現状把握

データ侵害が発生した際、初動対応とその後の対策には「現状把握」の有無が重要なポイントとなる。

個人情報漏洩などによって個人データの侵害が発生した場合、侵害を認識してから72時間以内に監督当局へ通知することが義務付けられている（第33条）。

そして、個人データ侵害によって高リスクに繋がる可能性のあるデータの主体（個人）は、不利益な影響が確認された場合に通知を受けなければならないとされている（第34条）。

侵害を認識し、現状把握をする方法。

「遵守の証明」として記録してきた「処理行為の一覧」が、ここで役に立つ（第30条）。

そのため、「処理行為の一覧」が処理者や第三者によって改ざんや破棄されてしまってはならない。

その後のフォレンジック（データを収集・分析して証拠とするための技術）調査にも有効だからだ。

ちなみに、フォレンジック調査を行う者には何か特権があるわけではない。そのため、法規制に準拠したフォレンジック調査を行うことで、監督当局やその後の訴訟で提供可能な情報を提供することが望まれる。

つまり、不正行為の真相を暴くために、自らが不正行為を行ってまで証拠を掴んではいけないのだ。

実際、英国で評判の良いフォレンジック調査の専門会社は、社内もしくは外部の弁護士のいずれかからの命令しか受け付けないようにしているところが多い。

そして、システムや各デバイスなどを監視し、異変を検知する方法。つまり、セキュリティ対策だ。

セキュリティ対策が行われていなければ、侵害のリスクを下げるどころか、侵害を認識するまでに長い期間を要してしまうこともある。

日本の航空会社でデータ侵害が発生した際、システムの反応が著しく低下したため気付かれることとなった。しかし、悪意ある者は慎重に、そしてデータを小分けにして長い期間をかけて外部に送り出すことが多いため、このような形で気付けることは珍しい。

多くのデータ侵害では、第三者からの指摘によって侵害に気付くことが圧倒的に多い。偶然もしくは必然によって第三者がデータ侵害の事実に気付く。場合によっては、データ主体自らによって気付くことも多い。

そして、このような場合、データ侵害から既に数ヶ月から数年を経ている場合が多い。

もはやＧＤＰＲ下では問題外だ。

72時間以内での監督当局への通知を長いと感じるか、短いと感じるかは人それぞれ。

しかし、現状把握ができていなければ到底72時間以内での通知など実現しえない。

72時間以内の通知を行うことで罰則が減免されるということではないが、72時間以内の通知を行えなかった場合には、制裁金を課される理由となる。

その後、被害拡大防止や対応計画立案などにも取り組んでいかなくてはならない。

並行して根本的な原因を見つけ出し、対策を施す必要もある。

さらに、再発防止策の実施と補償なども必要である。

これらのいずれもが、現状把握なしでは成し得ないのだ。

データ侵害発生！

初動対応とその後の「現状把握」の有無が重要なポイント

個人データの侵害が発生した場合
侵害を認識してから72時間以内に
監督当局への通知義務（第33条）

そして

高リスクで個人データ侵害の可能性があるデータの主体（個人）は、不利益な影響について通知を受けなければならない（第34条）

〈3．運用〉データ主体とのコミュニケーション管理

GDPRとは、全てが「データ主体」すなわちEEA域内における自然人の権利に関するものである。

古いラテン語に、「Ubi non accusator, ibi non iudex!」（訳：告発者無きところに、裁判官はいない）という言葉がある。

プライバシーとデータ保護の場合にも、企業が透明性を保つために最善を尽くすことで不必要なトラブルを避けなくてはならない。顧客の個人データをどのように処理するかを顧客に伝える。そして、顧客のデータを保護するために全ての手段が講じられていることを証明する。

データ主体の権利を保障するためには、良好で迅速な顧客とのコミュニケーションが必要となる（第12～22条）。

データ主体は、いつでも企業に連絡をし、どのような個人データが保存されているのか？どのようにされているのか？　どの程度の期間保存されるのか？　といったことを尋ねるこ

とができる。

また、個人データを変更または削除したり、電子的に構造化された共通フォーマットによって、管理者から入手して別の組織へ移転することができる（第20条）。

このようなサービスは全て無料であり、迅速かつ通常は数週間以内に行われなければならない。

ところが、B2Cの場合では膨大な作業となる可能性もあり、従業員は一日に何千もの問い合わせに対処しなくてはならない場合も考えられる。そして、管理しきれない可能性もある。

このような場面で効果的なツールが「チケットシステム」の採用だ。これらのプロセスを自動化し、全ての顧客要求を追跡することができるようになる。

プライバシーとデータ保護に関する全ての要求が処理され、文書化されるようになっているチケットシステムがお勧めだ。

顧客、従業員、ビジネスパートナーまたは他の自然人からのいずれであっても、DPOが要求を処理するための単一の連絡先となる。大企業では、データ保護の専門家チームがDPOをサポートしていることもある。DPOにコミュニケーションが集約されなくてはならないのだ。

顧客関係管理システム（CRM）やチケットシステムには、メールだけでなく、通話、ウェブフォーム、チャットメッセージなど、あらゆる手段での要求を処理している。

例えば、顧客が会社に手紙で問い合わせてきた場合、企業のウェブサイトを使用して要求に応えるということはできない。ウェブサイトで応えることへの同意を得られていなければ、GDPRに違反することになるのだ。

一方、データ主体は、自らの要求した情報がどのような形で提供されるのか選択肢を与えられるべきである。

例えば、暗号化通信などを用いた安全な手段を提供するダウンロードリンク、郵送、データを記録したDVDなどだ。

どんな形であれ、データ主体の権利を侵害してはならない。

日本企業成長の好機

現状の日本ではGDPRの厳しい規則ばかりが注目されており、企業にとっては非常に強い逆風とも映っている。

しかし、GDPRの本来の意味を再度確認し遵守していくことによって、優位性を発揮できる追い風にもなる。

特に、第1章で述べたIoT・ビッグデータ・人工知能・ロボットを用いた領域において競争力を高めていくためには、グローバル標準のレギュレーションに則ったビジネス展開が必須だ。

本章を締めくくるにあたり、ロボット研究の第一人者として世界的にも知られている、大阪大学大学院工学科教授の浅田稔教授との議論から導いた、「GDPRの活用は、日本企業の成長にとっての大きな好機である」ということについて述べたい。

個人データと言われると、氏名や住所の取り扱いについての話だけだと思われがちだ。しかし、カメラに映り込んだ自動車のナンバープレートも個人データであり、GDPRを遵守した管理がなされなければならない。

どこかSFの世界における特殊な監視社会での話のように思われるかもしれない。

しかし既に、ソーシャルロボットの社会実証実験は日本でも多く行われている。従来は、サービスロボットやパーソナルロボットと呼ばれていたものだ。

これもなんだか未来の話のように思われるかもしれないが、家庭にはお掃除ロボットやス

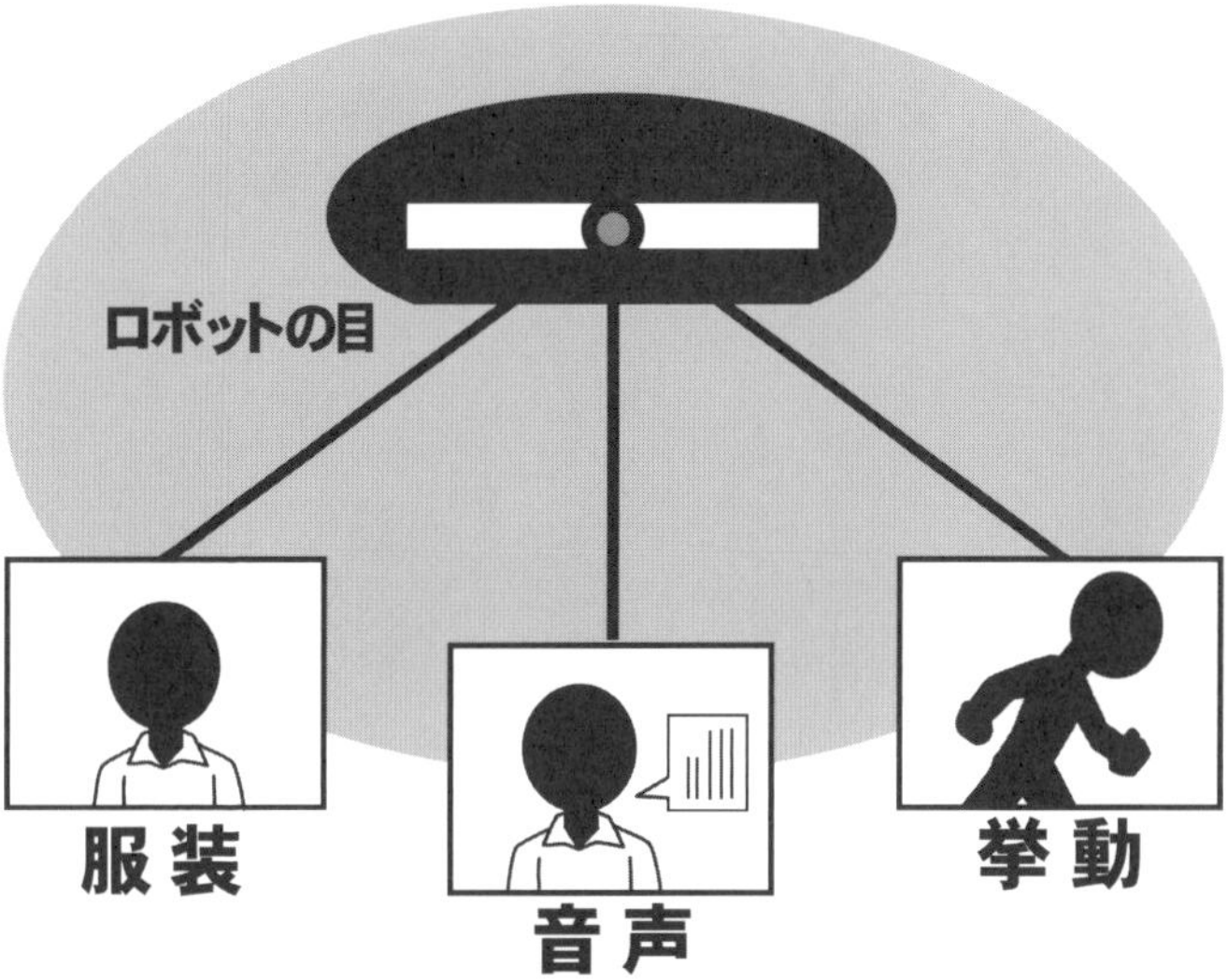

ソーシャルロボットが直接対応していなくても、「ロボットの目」すなわちカメラに映った情報から「個人データ」が抽出される可能性がある

マートスピーカーなどが普及し始めていることを考えれば、そう遠くはない未来の話だ。ソーシャルロボットが直接対応していなくても、「ロボットの目」すなわちカメラに映り込んだ、その服装、音声、表情、挙動などの情報から、厳密に考えるならば個人データがそこから抽出される可能性がある。

この時、そもそも個人情報とは何なのか？　それがどのような意味合いをもつものか？　そして、その利用はどのように規定されるべきかの議論が起きるであろう。

そして、個人データが情報社会の進展とともに価値を持ち、技術とともに変遷することを見定め、むしろ価値を変えていくための提言を積極的に行っていくべきだろう。**このことは、ソーシャルロボットの社会実証実験に多く取り組んでいる日本が世界に向けて情報発信するための機会だと位置付けることもできる。**

実際、社会実証実験では様々な形で個人データが入ってきており、匿名化することで対処されていることが多い。しかし、多くのセンサーから収集したデータが処理されることによって、意図せず個人の特定と種々の個人データが処理されかねない。

そのため、社会実証実験からビジネスに繋げていくためにはなおさら、研究段階から細心の注意を払った取り組みが必要となる。

肯定的に捉えれば、現状のデータ管理はまだ不完全な部分が多いので、そのための指針ができることは喜ばしい。

２０１４年に情報通信研究機構（ＮＩＣＴ）が約90台の監視カメラを大阪駅ビルに設置して、顔を識別し人の流れを解析する実験を行うことを発表した。しかし、プライバシー侵害に関する懸念が高まり、実験開始直前になって急遽延期されたという出来事がある。

今後はＧＤＰＲの浸透によって個人データの取得および処理に関する指針とし、遵守とその証明を行うことができれば反応も異なってくるかもしれない。

つまり業界だけで基準を設けず、ＧＤＰＲを新たな指針を打ち出すための試金石にしていくとなると新たな期待も持てる。

１９７０年に米国で改正された排ガス規制（通称、マスキー法）では、世界中の自動車メーカーがこの規制内容を達成することはほとんど不可能であると主張した。

この時、本田宗一郎氏は「４輪の最後発メーカーであるホンダにとって、他社と技術的に同一ラインに立つ絶好のチャンスである」と考え、新たなチャレンジをし、クリアしてきたことは有名な逸話である

(http://www.honda.co.jp/50years-history/challenge/1972introducingthecvcc/index.html)。

ＧＤＰＲ施行も、一見強い逆風のようにも思えるが、そこには決して楽ではないものの日本企業がさらなる成長を遂げるための大きな好機があるはずである。

おわりに

GDPRにおいて最も重要なキーワードは、「技術的および組織的対応（Technical and Organizational Measures：TOM's）」である。

つまり、「セキュリティ対策」と「ガバナンスおよび教育」のことだ。

GDPRとはEU法の規則ではあるものの、法律の力だけで解決できる問題ではない。実際、データ保護責任者が経営者や弁護士よりも強い力を持ち、監督当局は圧倒的な権力を持っている。

しかし残念なことにGDPR施行前の日本では、書店には条文を和訳した解説書ばかりが並んでいた。

色々な意味で、これだけ大きなオポチュニティがビジネス環境に訪れようとしているのにもかかわらず、である。

GDPR施行を目前に控えたある日、「いま必要なのは実践本だ」とDr.グンプとの意見が一致し、互いの欧州での経験や知見を持ち寄って、GDPR初のガイドブックを上梓すること相成った。

本書の第2章でも触れたが、ＧＤＰＲには加盟国の国内法での拡張や定義が可能な50～60の「開放条項」が存在している。

そのため、ＧＤＰＲをどの立場で読み解くかによっても異なる解釈が生じる。

また、今後は判例やケーススタディによって、解釈の変わる箇所も生じてくるだろう。

そこで本書執筆にあたっては、具体的に現地で取り組んでいる対策事例を優先して取り上げることにした。

また、日頃よりお世話になっている各界の第一人者から、本書執筆に際して示唆に富むご意見を賜われたことなしには本書上梓の実現は成し得なかっただろう。

浅田稔教授（大阪大学大学院工学研究科）には、ロボットや人工知能に関する研究活動に基づいた精緻な知見をご教示いただいた。

安藤類央　特任准教授（国立情報学研究所サイバーセキュリティ研究開発センター）には、ダークウェブやサイバー犯罪に関する研究活動に基づいた精緻な知見をご教示いただいた。

Dr. Jamie Saunders（元英国国家犯罪対策庁国家サイバー犯罪局長・機密情報局長）には、

Brexitに揺れ動く英国から見た欧州と、欧州でも極めて厳しいデータ保護法を有する英国の事情についてご教示いただいた。

中川博貴フィスコファイナンシャルレビュー編集長（株式会社フィスコIR取締役COO）には、経営の視点、投資の視点から企業価値を理解する上で重要なテーマや最近の潮流についてご教示いただいた。

八子知礼IoTイノベーションセンター所長（株式会社ウフル専務執行役員）には、IoTとクラウドに関する最先端の知見と、これからの予想についてご教示いただいた。

Enobyte GmbH（ドイツ）のDPOである、Ms. Miho Gumpp と Mr. Robert Buschmann からは、欧州におけるGDPR対策の豊富な実例についてご教示いただいた。

そして、この短期間で出版まで漕ぎ着けていただいた株式会社実業之日本社の岩野裕一代表取締役社長、編集のスタッフにこの場を借りてお礼を申し上げる。

シンギュラリティはムーアの法則の延長線上にある話だが、GDPRの施行はビジネス環境に劇的な変化をもたらすことになる。

今これを活用しない手はない。

【著者略歴】

足立照嘉（Teruyoshi Adachi）
サイバーセキュリティ専門家
欧州および北米を拠点に活躍し、2018年現在で30カ国以上でサイバーセキュリティ事業を展開。
主に航空宇宙産業のサイバーセキュリティに取り組んでおり、日本を代表する企業経営層からの信頼も厚い。

Dr. ヘルマン・グンプ（Dr. Hermann Gumpp）
データ保護専門家
ミュンヘン（ドイツ）を拠点に欧州で活躍し、ミュンヘン大学（LMU）や日系企業などのアドバイザーも務める。
東京の国立情報学研究所（NII）での研究開発経験もあり、日独産業協会（DJW）ITワーキンググループの中心人物でもある。

GDPR《ジーディーピーアール》ガイドブック
EU一般《イーユーいっぱん》データ保護規則《ほごきそく》 活用法《かつようほう》

2018年5月24日　初版第1刷発行

著　者　足立照嘉《あだちてるよし》、ヘルマン・グンプ
発行者　岩野裕一
発行所　株式会社実業之日本社
〒153-0044　東京都目黒区大橋1-5-1 クロスエアタワー 8F
【編集部】TEL.03-6809-0452
【販売部】TEL.03-6809-0495
実業之日本社のホームページ　http://www.j-n.co.jp/

印刷・製本　大日本印刷株式会社

ISBN978-4-408-33786-9（第一ビジネス）